MISTÉRIOS DO DICIONÁRIO

CRÍTICA HOJE IV

JOÃO ALEXANDRE BARBOSA

Mistérios do Dicionário

E OUTRAS CRÔNICAS LITERÁRIAS

Ateliê Editorial

Copyright © 2004 João Alexandre Barbosa

Direitos reservados e protegidos pela Lei 9.610 de 19.02.1998.
É proibida a reprodução total ou parcial sem autorização, por escrito, da editora.

Dados Internacionais de Catalogação na Publicação (CIP)
(Câmara Brasileira do Livro, SP, Brasil)

Barbosa, João Alexandre
  Mistérios do dicionário e outras crônicas
literárias / João Alexandre Barbosa. – Cotia, SP:
Ateliê Editorial, 2004.

  ISBN 85-7480-252-2

  1. Crônicas brasileiras I. Título.

04-7332   CDD-869.93

Índices para catálogo sistemático:
1. Crônicas: Literatura brasileira   869.93

Direitos reservados à
ATELIÊ EDITORIAL
Rua Manoel Pereira Leite, 15
06709-280 – Granja Viana – Cotia – SP
Telefax: (11) 4612-9666
www.atelie.com.br / atelie_editorial@uol.com.br

2004
Impresso no Brasil
Foi feito depósito legal

Para meu amigo Manuel da Costa Pinto, por entre livros.

SUMÁRIO

Nota do Autor 11

VÁRIA

1. Kafka, Cassandra Rios e Pitigrilli 15
2. Os Novos Centuriões 21
3. Cultura & Mercado 27
4. O Laço do Livro 33

AUTORES

1. Marx, Precursor do Dadaísmo? 41
2. Réquiem para Jorge Wanderley 47
3. Gilberto Freyre e a Literatura: Alguns Conceitos 55
4. Renan e o Conceito de Nação 63
5. Uma Dupla do Barulho 71
6. Augusto Meyer Ensaísta 77
7. Lembrança de Roberto Alvim Corrêa 87
8. Dostoiévski sob o Manto do Profeta 93

MISTÉRIOS DO DICIONÁRIO

OBRAS

1. Mistérios do Dicionário 107
2. Um Capítulo de Machado de Assis 113
3. Reescrevendo a Enciclopédia 119
4. Homens e Coisas Estrangeiras 125
5. Algumas Magias Parciais de *Dom Casmurro* 131
6. O Sentido da Leitura 139
7. Os Perfis de José de Alencar 147
8. Um Ensaísmo Inteligente 155
9. O Livro do Centenário 161
10. Drummond, Livros e Editores 169
11. A Obra Crítica de André Gide 177
12. Poesia e Pensamento (Concreto) 185
13. Poeta ao Sul 193
14. A Volta de Aldous Huxley 201
15. A Destruição Calculada 207
16. Leitura de Graciliano ou os Limites da Literatura 211
17. A Paixão Legitimada 217
18. O Ensaísmo Enviesado de Albert Camus 221

Nota do Autor

De todos os livros que já publiquei, este é certamente o menos estruturado: a sua própria divisão em três partes não tem outro objetivo senão o de facilitar a leitura. Uma razão, por assim dizer, editorial. De elegância editorial. A mim me desagradam os livros de artigos ou ensaios em que não existam esses momentos de interrupção provocados por uma divisão qualquer em que o leitor recobra o fôlego. Optei por uma divisão óbvia, conforme a ênfase que fui capaz de detectar nos textos: assuntos gerais, a que chamei de vária, autores e obras.

Por outro lado, a designação de crônicas (e não de crítica ou ensaio) surgiu em decorrência da própria natureza dos textos, escritos ocasionais para uma só revista (a *Cult*) e apenas um deles ("A Destruição Calculada") para um só jornal (a *Folha de S. Paulo*).

Que o leitor, portanto, esteja prevenido: afaste-se deles se nos textos o que procura é a severa erudição ou os rigores da informação bibliográfica, ou mesmo uma densidade maior de reflexão que somente os escritos mais amplos pode oferecer. Pois o que se encontra aqui são antes momentos daquele prazer da leitura experimentados pelo autor e que ele busca (e nunca sabe se com sucesso) transmitir ao leitor eventual.

Em resumo, são escritos de um leitor que, cada vez mais, gosta menos das "grandes teorias" e mais se compraz em exercer, com liberdade e alegria, o jogo de relações, as descobertas de pequenas e inesperadas relações, que a literatura tem para oferecer, usando do único expediente que conhece para compartilhar tudo isso com o outro: a escrita, às vezes enviesada mas sempre inquietante, de leituras que se desdobram às vistas do outro leitor que abre, ou abrirá este livro. De leitor para leitor: a instauração de um *sentido da leitura* que é o título de uma das crônicas aqui reunidas e, quem sabe, poderia ser também o do livro.

VÁRIA

I

Kafka, Cassandra Rios e Pitigrilli[*]

Será o leitor capaz de pensar numa frase mais estranha, sobretudo pela relação entre coisas tão diferentes? Se ainda é possível vislumbrar alguma coisa entre os dois últimos termos, o que têm eles a ver com o primeiro? Como, portanto, juntar numa única frase nomes tão diversos no que eles representam no universo das letras? Mais ainda: juntar os nomes não apenas numa frase mas na expressão de um desejo. Deixe-me explicar.

Tudo começou, aí pelos anos sessenta, quando recebi uma carta de leitor anônimo que se dizia familiarizado e admirador de uma coluna de crítica literária que eu vinha escrevendo regularmente em jornal nordestino.

Depois de elogiar o que vinha lendo, sobretudo pela escolha de temas e autores, o anônimo leitor lamentava que ainda não tivesse lido, na mencionada coluna, um artigo que tratasse dos três autores: Kafka, Cassandra Rios e Pitigrilli. É claro que achei estranho o pedido e, ao mesmo tempo, fiquei pensando que, de fato, infelizmente, nada havia escrito sobre Kafka, o extraordinário escritor de quem, exatamente naquele momento, estava sendo publicado, pela Editora Civilização Brasileira, a editora do bravo Ênio Silveira, numa coleção que tinha a sigla BUL, para Biblioteca Universal Popular (naquela época, como se sabe, o populismo estava em alta),

---

[*] Publicado na *CULT, Revista Brasileira de Literatura*, Ano I, n. 8.

o livro *A Metamorfose*, e de quem eu andava lendo o volume das *Obras Completas* da Emecé Editores, de Buenos Aires, em que precisamente o volume publicado no Brasil era traduzido por um escritor chamado Jorge Luís Borges. Mais estranha a lamentação do leitor me parecia por exatamente juntar, num mesmo desejo, ao nome de Kafka os de Cassandra Rios e Pitigrilli.

É claro que, por outro lado, entre os dois últimos nomes, naquele momento, havia algo que os unia: o sucesso de público e de escândalo da escritora paulista e o sucesso também de público, só que mundial, e algum escândalo, do italiano, embora este já estivesse saindo das listas de *best-sellers*, sobretudo no Brasil, onde lembro encontrar, em sebos, numerosos exemplares de seus romances apimentados, como se dizia, em traduções apressadas publicadas pela Editora Pongetti.

Pensei mesmo naquele momento em escrever uma coluna em que, aproveitando o pedido do leitor anônimo, fizesse alguma reflexão sobre o que há de caótico nas escolhas literárias e de como as leituras das pessoas comuns, isto é, daquelas que, não sendo professores ou críticos de literatura, às vezes juntam coisas que, do ponto de vista daqueles especialistas, parecem inteiramente fora de propósito. Não escrevi a coluna mas há trinta e cinco anos continuo pensando naquele meu anônimo leitor de quem sei apenas que era aluno de um Seminário em Camaragibe, como ele se identificava na carta, e que lamentava não ver tratados, numa coluna de crítica que ele dizia ler todos os domingos, aqueles autores de sua predileção.

Criei várias hipóteses para o que me parecia então uma lista esdrúxula, começando pela seguinte: era um leitor dividido, como costumam ser os melhores leitores, que, nos seus momentos de severa meditação de futuro Padre da Igreja, lia e se atormentava com a imaginação de Kafka, e que, nos momentos de tentação exarcebada pelos rigores do Seminário, deixava-se dominar pela imaginação do corpo e da carne, lendo então Cassandra Rios e Pitigrilli. Os leitores, como todo homem ou mulher, como queria Aldous Huxley (um autor, aliás, que dado a sua circulação no Brasil da época poderia estar na lista do leitor anônimo), são anfíbios: existem simultaneamente em ordens distintas de experiências. Sobretudo os leitores seminaristas que, desde Eça de Queirós ou dos nossos Inglês de Souza ou Bernardo de Guimarães, têm as suas experiências da alma e da carne intensificadas pelas lições diárias de esbanjamento e de contenção, respectivamente.

Mas havia uma outra hipótese, e esta muito mais complexa e preocupante para o crítico e redator da coluna: será que o leitor anônimo havia dado com uma relação literária substancial entre os três autores para a qual ninguém mais houvesse atinado? Em que desvão da mais escondida intertextualidade se esconderia aquela razão de convergência por onde a lógica meticulosa e, às vezes, monstruosa do escritor tcheco se encontrava com os desvarios confessionais do sexo de Cassandra Rios e as irreverentes sátiras pseudo-sensuais de Pitigrilli? Vai ver e se tratava de uma inusitada sensibilidade de leitor que, transtornada pelas conjunções de uma psicanálise de almanaque e uma lingüística estrutural de oitiva, conseguia descobrir esquemas de narratividade, soluções de ponto de vista ou transliterações metonímicas que permaneciam obscuras e mesmo inatingíveis pelas sensibilidades mais normais e comezinhas. Confesso que diante de tais hipóteses, assumi uma atitude semelhante à da raposa com relação às uvas da fábula de Esopo: afastei-me fingindo indiferença. Ou, traduzindo em vulgar: procurei não mais pensar no assunto, ao menos nesta direção. Mas, como aquela idéia do segundo capítulo do Brás Cubas machadiano, uma vez suscitado, o problema instalou-se desde então como um desafio: decifra-me ou devoro-te. E como é sempre melhor decifrar do que ser devorado, embora nem sempre a decifração deixe de ser também um outro tipo de devoração, voltei a pensar no problema, insistindo naquela esteira onde o havia deixado há mais de trinta anos: a questão do leitor e de suas escolhas, a ordem ou o caos, a aparência e a realidade. E aí levantei uma hipótese auxiliar: vamos supor que a escolha do leitor tivesse sido Kakfa, José de Alencar e Ariosto, para ficarmos com escritores das mesmas nacionalidades da tríade anterior, e logo acharíamos que, embora arbitrária, a escolha possuiria certa lógica, ou mesmo nem sequer chamaríamos de arbitrária, preferindo o termo diversificada, embora, é claro, seja difícil acentuar elementos de relação entre os três escritores. Poder-se-ia ser ainda mais complacente e pensar que a escolha tinha a ver com o gosto por escritores de imaginação transbordante, em que Kafka entrava, sobretudo, como uma espécie de exemplo de que a imaginação literária podia atingir fronteiras incomuns de fabricação, enquanto que Alencar e Ariosto estavam presentes precisamente pela criação de acontecimentos e circunstâncias, personagem e enredos que apelavam para uma espécie de pacto com o leitor no sentido de não estabelecer limites ao imaginário. Deste modo, a relação entre os três escritores poderia ser sustentada, embora a corda fosse esticada a um limite quase de ruptura.

Apesar de toda esta ginástica de acomodação, trabalhando no sentido de encontrar uma relação mínima que fosse entre os três autores, permanecia, contudo, uma outra questão: por que esta tríade hipotética era mais aceitável, ou mesmo menos estapafúrdia, do que a original?

Foi, então, que me ocorreu uma hipótese para a melhor aceitação da nova tríade: ela era menos esdrúxula desde que os dois novos autores agora incluídos possuíam uma posição, em suas respectivas literaturas, tão grande e tranqüila quanto o primeiro. Não importariam mesmo as diferenças de intensidade com que eram vistos no conjunto geral da literatura: Kafka abrindo as fronteiras de uma representação literária capaz de instaurar um novo paradigma na literatura universal, marcando todo o século XX e mesmo criando precursores, como acentuou aquele mesmo Borges da tradução da Emecé; José de Alencar configurando e, por assim dizer, resumindo os esforços anteriores de criação de um romance brasileiro ou Ariosto, retrabalhando sem cessar, numa obra sem começo nem fim, como viu Italo Calvino, na instauração de um tipo de herói cavalheiresco moderno. O que importava, e o que tornava a nova lista mais palatável do que a primeira, era, para dizer de modo sumário, a representatividade de cada um dos escritores em suas literaturas, o que permitia generalizar e pensar em sua legítima aceitação como literatura. Ou, para dizer ainda mais sumariamente: os escritores agora escolhidos eram representativos de um cânone, fosse ele nacional, caso de Alencar, fosse universal, caso de Kafka e Ariosto. Um cânone, quer dizer, uma espécie de antologia resultante de leituras sucessivas que foram selecionando no tempo aquilo que parecia aos melhores leitores invenções e soluções mais adequadas e que, saindo ilesas das controvérsias naturais que cercam as interpretações e os juízos, demarcaram importâncias e singularidades. Sendo seletivo, portanto, o cânone de uma literatura ou de várias literaturas (como no caso, por exemplo, da literatura ocidental estabelecido por Harold Bloom) é, em geral, o resultado de leituras coletivas que, muito freqüentemente, encontram num escritor, num crítico, um porta-voz da escolha. Entra-se no cânone às vezes com muito atraso (e são numerosos os casos de escritores que esperaram muitas gerações para isso) e nunca se sai muito depressa. De fato, depois de estabelecido, é preciso que numerosas gerações de leitores trabalhem no sentido das substituições ou mesmo, o que é mais raro, das rasuras absolutas.

Sendo assim, podia, afinal, encontrar aquela razão crítica que explicasse o meu incômodo diante da leitura da lista esquisita de autores do meu anônimo leitor de Camaragibe: Cassandra Rios e Pitigrilli poderiam ser escolhas solitárias de um seminarista em seus devaneios reprimidos desde que não viessem acoplados a um autor canônico que, por ser assim, desequilibrava o conjunto. Para minha supresa final, portanto, a culpa era de Kafka e aí uma nova dúvida se insinuava: não estava o crítico regular da coluna sendo excessivamente canônico? Talvez a única intenção do leitor tivesse sido ver tratados pela coluna exatamente aqueles dois autores que, para ele, formavam com Kafka uma tríade inquietante. Não seria estabelecer relações entre eles mas considerá-los individualmente em suas diversas representações literárias.

Como tudo parecia começar de novo, e como passei a desconfiar de que o leitor anônimo seria uma invenção de algum amigo bem humorado, a sua condição de seminarista sendo criada para acentuar a esquisitice da escolha, resolvi fazer o contrário da mulher do Lot bíblico: não olhar para trás. E o resultado foi este, como era de se esperar: ao invés de uma estátua de sal, um leitor crítico a procura de outros leitores anônimos, ainda que não seminaristas ou de Camaragibe.

2

Os Novos Centuriões[*]

À MEDIDA QUE a gente se aproxima do final do século, fala-se a todo momento de crise: crise dos valores, crise das artes, crise da sociedade, crise da economia, crise da política, crise mundial, crise disso e daquilo, de tal maneira que vai se perdendo, como parece ser natural, o próprio valor da palavra, chegando-se, então, à crise maior, a da própria linguagem.

Em cada canto, em cada aspecto da atividade humana, percebe-se um lugar de crise, como se não fosse normal submeter sempre tais atividades a um processo permanente de indagação, por onde a própria idéia de crise seria encarada antes como derivada de um processo crítico que é o procedimento genuíno de todo aquele que reflete sobre a sua circunstância e sobre as coisas que a constituem.

Crise e crítica não apenas têm o mesmo étimo, a mesma origem na linguagem, como fazem parte de um processo maior de reflexão sobre as próprias relações entre o homem e a mulher e a realidade. Neste sentido, a crise que se nomeia é o resultado da crítica a que se submete essa ou aquela maneira de relacionamento com o mundo. É por isso que se chega mesmo ao paroxismo em se falar de uma crise da crítica. Nada mais natural, portanto, que se fale de uma crise da literatura e, mais naturalmente

---

[*] Publicado na *CULT, Revista Brasileira de Literatura*, Ano I, n. 10.

ainda, de uma crise da crítica literária e, por extensão, de uma crise do ensino da literatura. Mas que crise é esta?

Para responder existem, como em quase tudo, duas correntes que, à maneira daquelas de Bizâncio, não se entendem, ou fazem questão mesmo de não se entenderem.

Uma conservadora, para a qual a origem de todo o mal está em que os métodos de ensino foram implodidos pelas invenções pessoais e idiossincráticas provenientes dos modelos estruturalistas e pós-estruturalistas ou deconstrutivistas e pelas teorias pós-colonialistas que vêem nos princípios da raça e do gênero a única direção possível para o estudo da literatura; outra, que fazendo daqueles modelos e daquelas teorias dogmas imbatíveis, recusa qualquer compromisso para com a tradição ainda recente da explicação do texto, da literariedade, do *close reading* ou da crítica imanente.

Parece, mas não é, a velha divisão entre aquilo que, já nos anos 40, René Wellek e Austin Warren, num manual de largo uso nas universidades de todo mundo, chamavam de *estudos extrínsecos e intrínsecos da literatura*. E não é porque ambos os lados, nos melhores exemplos, atuam numa mesma faixa, por assim dizer, filológica: é o texto literário que é tanto explicado quanto deconstruído, embora no primeiro caso se trate de uma busca de decifração e no segundo se trabalhe no sentido de uma recifração. Explico melhor: de um lado, ler o texto para extrair os elementos essenciais que expliquem a sua construção e possam dar conta de suas significações; de outro, transformar o leitor num cúmplice de errantes significados que estão à margem do texto e não se deixam apreender por nenhuma tarefa reconstrutiva.

A primeira corrente, herdeira dos grandes sistemas críticos do século XIX contra os quais se voltou sobretudo a partir dos anos 20 do nosso século, de que dão testemunho as propostas do formalismo russo, do estruturalismo tcheco, da nova crítica anglo-americana e do estruturalismo francês, esteve atuante nas universidades até os fins dos anos 60 (e pense-se em mais uma década para o caso brasileiro), quando, então, sofreu a oposição da segunda corrente que, de par com os grandes movimentos de libertação (pós-coloniais, de raça e de gênero), impôs-se como doutrina capaz de conciliar a leitura minuciosa de textos literários, quer os ainda resultantes da Modernidade, objetos das leituras da corrente anterior de crítica, quer os que se definiam como Pós-modernos e que se organizavam de acordo com aqueles princípios generalizados de libertação, e a redenção das minorias.

Neste sentido, foi muito natural que esta segunda corrente pudesse articular todos aqueles movimentos que se sentiam reprimidos pela hegemonia da corrente anterior, tais os feministas, os de raça, os anticolonialistas e outros.

Sendo assim, um dos principais alvos desta corrente tem sido a abertura de um cânone, isto é, uma seleção de autores e obras, estabelecido de acordo com o ponto de vista da corrente anterior que, por sua vez, ratificava e, é preciso reconhecer, algumas vezes retificava, seleções tradicionais. É claro que não é possível negar o valor de tais tentativas de abertura: a inclusão de escritores negros, mulheres ou não-europeus é fundamental para a representatividade de qualquer seleção literária e a existência de duas antologias já editadas pela prestigiosa editora norte-americana Norton, uma de escritores e escritoras negros e outra de mulheres, é já uma prova da fertilidade das propostas inovadoras resultantes desta corrente de crítica.

Por outro lado, entretanto, e o que é, talvez, muito natural em novas tendências críticas, há os exageros: o de não se satisfazer com os acréscimos ao cânone e exigir substituições (eliminar Shakespeare por sexista ou Machado de Assis por racista são casos extremos já insinuados) ou o de, acentuando os traços anti-hegemônicos da nova corrente, pensar ingenuamente a literatura como panfleto de libertação política e assalto ao poder.

Neste sentido, creio que foi M. H. Abrams, o autor do famoso livro *The Mirror and the Lamp*, quem melhor situou o problema, quando, num ensaio intitulado "The Transformation of English Studies", incluído no volume *American Academic Culture in Transformation: Fifty Years, Four Disciplines*, referindo-se às inovações trazidas pela nova tendência crítica, escreveu:

Dentre as inovações que sobreviverão, parece certo, estará o estudo dos escritos por mulheres e por grupos raciais, étnicos e outros, que têm sido passados por alto ou marginalizados pelas limitações em perspectiva de estudiosos e formadores de cultura, a maioria dos quais, como os proponentes daqueles interesses reclamam, eram homens brancos europeus. Porém tais estudos de minorias, tendo amadurecidamente passado a fase de advocacia militante, serão antes desenvolvidos mais como uma área a ser estudada e menos como uma causa política a ser defendida. Eles também se tornarão muito mais discriminativos no que no presente é a sua crítica generalizada da tradição intelectual ocidental, no reconhecimento de que os padrões para os quais eles mesmos apelam – padrões tais como justiça imparcial, igualdade humana e direitos humanos – são ideais que foram desenvolvidos dentro da tradição altamente diversificada que muitos dos proponentes dos novos estudos indigitam como monolítica e irremediavelmente patriarcal, logocêntrica, eurocêntrica e sexista[1].

Dois trechos são fundamentais neste texto de M. H. Abrams: aquele que se refere à superação de uma fase de "advocacia militante" de "uma causa política a ser defendida" e aquele que se refere a uma atitude mais crítica com relação à tradição. Que fique claro: nada contra os compromissos políticos e a defesa de princípios deles decorrentes mas que não se faça desses compromissos uma via de mão única para o estudo da literatura ou, o que é ainda muito mais sério e desastroso (e que parece estar ocorrendo de modo alarmante nas instituições universitárias norte-americanas, já com reflexos nas brasileiras), um meio de ocupar espaços universitários. Não o estudo político da literatura, o que é, sem dúvida, uma linha possível de indagação e pesquisa, mas a literatura servindo à política, e ainda a mais rasteira de cargos e posições. É a literatura, ou antes, a representação das minorias pela literatura, servindo de álibi para as indigências de leitura a que, quase sempre, se acrescenta o desconhecimento da própria tradição literária. E é sobre este último aspecto que o trecho de Abrams selecionado aponta para o essencial.

Na verdade, a luta contra métodos tradicionais de ensino da literatura, com resultados positivos inquestionáveis, como já se assinalou, muitas vezes descamba para a recusa da própria tradição, sem a qual não é possível o estudo, ou mesmo a compreensão, não apenas da literatura, mas das humanidades em geral. Não, é claro, de uma tradição que veja o passado como objeto apenas arqueológico ou arquivístico, mas de uma

---

1. *Daedalus. Journal of the American Academy of Arts and Sciences*, Winter, 1997, p. 128.

consciência de que as obras do presente estão sempre informadas pelo conhecimento das tensões que articulam tempos diversos e que, por isso, a rasura do passado significa sempre o empobrecimento do objeto a ser estudado. A cultura do passado só é *do* passado porque não é possível a simultaneidade temporal: se ela importa para o pesquisador é porque está no presente de quem por ela se interessa.

E na literatura isto é ainda mais evidente: as obras literárias são espaços de convergência temporal em que as obras de ontem dialogam com as de hoje e preparam um diálogo futuro. Ou, para dizer com Northrop Frye, "na leitura de qualquer poema, devemos conhecer, pelo menos, duas línguas: a língua em que o poeta está escrevendo o poema e a língua da própria poesia. A primeira está nas palavras utilizadas pelo poeta e a última nas imagens e idéias expressas por estas palavras".

A língua da poesia não é outra coisa senão aquilo que resulta de uma história, de uma tradição, uma presença de continuidade à qual o novo poema é integrado. Ou ainda, para dizer com o nosso Fernando Pessoa, "deve haver, no mais pequeno poema de um poeta, qualquer coisa por onde se note que existiu Homero".

Deste modo, a crise do ensino da literatura, como outras crises, aponta muito mais para desvios de crítica do que para o próprio objeto de cujo ensino se diz estar em crise. A literatura, sobretudo o poema, sempre escapou daquela espécie sinistra de centurião que, desde o tempo de Augusto, se comprazia com o exílio de Virgílio, mesmo porque o exílio da poesia e do poeta não desmente a tradição da cultura.

3

Cultura & Mercado*

Vou começar por uma provocação: num país com uma taxa de analfabetismo tão grande como o nosso, a cultura que aqui se produz deveria ser da melhor qualidade pois aqueles poucos que a produzem poderiam fazer de seus produtos culturais um modo de, sem cessar, contribuir para a melhoria educacional da população, pois, só assim, se teria um mercado não direi adequado mas simplesmente de cultura.

Mas a questão fica ainda mais complicada se fizermos uma pergunta de base: de que cultura e de que mercado estamos falando?

Se por cultura entendermos tudo aquilo que traz como marca visível um acréscimo de inventividade, ou de criatividade, ou de novidade, nas leituras possíveis da realidade, e não a simples reprodução do já existente numa infindável tautologia do mesmo, e neste caso estaremos falando dos mais diferentes campos do conhecimento, sejam as artes, as ciências ou as técnicas, e não somente enquanto formas de representação mas também como instrumentos críticos do próprio conhecimento, então o seu interlocutor, isto é, aquele que constitui o seu mercado, precisa estar, por assim dizer, preparado para o exercício da interlocução e do diálogo, sem o qual não se completa o ciclo vital da existência da cultura.

---

* Publicado na *CULT, Revista Brasileira de Literatura*, Ano II, n. 19.

28 MISTÉRIOS DO DICIONÁRIO

Mas *estar preparado* implica uma alfabetização prévia a que se superpõe a cultural e, por outro lado, não é somente no nível daquilo que os anglo-americanos chamam de *literacy*, quer dizer, o conhecimento mínimo para a utilização de uma cultura escrita, que as duas alfabetizações coexistem, mas naquele em que as suas existências ampliam o teor crítico do conhecimento. Neste sentido, a dialética salta aos olhos: ao mesmo tempo que a cultura é informada pelo mercado, ela é, ou deveria ser, um elemento essencial de sua formação, estabelecendo-se, deste modo, uma relação de dependência muito forte entre os dois, mediados pelo processo educacional. (Diga-se, entre parêntese, que o esquecimento desta dialética leva, às vezes, a situações, para dizer o mínimo, patéticas.) Foi o que aconteceu com as reações a um projeto que busquei realizar na Universidade de São Paulo quando exercia as funções de Pró-reitor de Cultura e Extensão. O projeto era chamado de Nascente e, de um modo geral, pretendia revelar em seu nascedouro – daí o seu nome – as atividades desenvolvidas em oito áreas artísticas por estudantes de graduação e pós-graduação da Universidade, premiando, com o equivalente a uma bolsa de estudos de curta duração, os melhores em cada área. Aparentemente, portanto, seria um projeto que teria o propósito de incentivar a criação artística dos universitários, que se sabia existir mas que só muito raramente era revelada de modo amplo quer para a própria comunidade universitária, quer para o público de fora. Isto era verdadeiro, mas, sob a aparência, havia um propósito educacional que se definia em alguns níveis: era, por exemplo, fazer ressaltar o grau de interdisciplinaridade possível existente na Universidade, uma vez que as atividades artísticas não estavam limitadas àquelas unidades explicitamente dedicadas ao fazer artístico; era também um modo de provocar a crítica do ensino e da prática das artes na Universidade, criando, implicitamente, o espaço para o debate acerca das relações entre o artista e o público; era um modo de experimentar as tensões daquelas relações na medida em que o jovem artista criava o espaço mais amplo para a exibição de sua arte e era, finalmente, uma vez informatizados os dados acerca de todos os concorrentes e de suas obras, uma maneira da própria Universidade conhecer não apenas o número mas a qualidade de trabalhos artísticos realizados por seus alunos, enquanto alunos e não somente depois de deixar a Universidade, como aconteceu e ainda acontece. Pois bem, dentre algumas reações adversas e ingênuas ao projeto, estava precisamente aquela de vê-lo apenas como um concurso de talentos (talvez decorrente do *slogan* inicial utilizado pelo projeto: *Cadê o seu talento?*), sem atentar para as enormes conseqüências educacionais que ele trazia.

Para dizer numa palavra, as verdadeiras obras de cultura não apenas respondem às exigências do mercado ou do público, mas formam, transformando, o próprio mercado. E para ficar numa área que conheço um pouco mais, a da literatura, gostaria de lembrar que algo semelhante foi anotado pelo grande poeta e ensaísta francês Paul Valéry, ao refletir sobre as difíceis relações entre poesia e público tal como elas eram por ele percebidas naquilo que chamou de *existência do Simbolismo*. Dizia o ensaísta:

[Os simbolistas] operam uma espécie de revolução na ordem dos valores, já que substituem progressivamente a noção das obras que solicitam o público, que o tomam por seus hábitos ou por seus pontos fracos, por aquela das obras que criam o seu público. Longe de escrever para satisfazer um desejo ou uma necessidade preexistentes, escrevem com a esperança de criar esse desejo e essa necessidade; e nada recusam que possa repugnar ou chocar cem leitores se calcularem que, desse modo, conquistarão um único de qualidade superior.

Isso significa que exigem uma espécie de colaboração ativa dos espíritos, novidade muito importante e traço essencial de nosso Simbolismo. Talvez não fosse impossível ou falso deduzir da atitude de renúncia e de negação [...] primeiro essa mudança sobre a qual estou falando e que consistiu em tomar como parceiro do escritor, como leitor, o indivíduo escolhido pelo esforço intelectual de que é capaz; e, em seguida, esta outra conseqüência: de hoje em diante, podem ser oferecidos a esse leitor laborioso e refinado textos em que não faltam nem dificuldades, nem os efeitos insólitos, nem os ensaios prosódicos, e até gráficos, que uma cabeça ousada e inventiva pode se propor a produzir. O novo caminho está aberto aos inventores. Neste, o Simbolismo revela-se como uma época de invenções; e o raciocínio bem simples que acabo de esboçar [...] nos leva, a partir de uma consideração alheia à estética, mas verdadeiramente ética, até o próprio princípio de sua atividade técnica, que é a livre procura, a aventura absoluta na ordem da criação artística.

Três pontos a destacar: não obras que solicitam, ou bajulam o público, ou mercado, mas que, por seu próprio teor de inventividade, de originalidade ou de novidade, criam o público, ou mercado, e que, por isso, em segundo lugar, instauram, ou mesmo exigem, uma relação de atividade, e não de passividade, para com o público, aquilo que Valéry chama de *colaboração ativa dos espíritos*, e, por último, e muito importante, as conseqüências éticas desta nova relação.

Neste sentido, e não apenas em casos extremos de censuras políticas ou morais, há uma eticidade fundamental nas relações entre cultura e mercado: não aquela representada por códigos e limites estabelecidos pela comunidade social, mas aquela que decorre da concepção do interlocutor, ou do público, como parte de um processo ativo de participação no ciclo da cultura.

O público não como recipiente passivo dos produtos culturais mas como dialogador consciente daqueles produtos. Mas não existe diálogo sem crítica, nem esta sem um conhecimento mínimo do repertório cultural e, para que este exista, é necessária uma informação de base de que devem se encarregar os mediadores do processo educacional, tais a escola, a Universidade, a imprensa.

Por isso, uma reflexão acerca das relações entre cultura e mercado não pode deixar de incluir a pergunta central sobre até que ponto tais mediadores estão trabalhando no sentido de intensificar não somente a informação mas a possibilidade de um diálogo crítico com os produtos culturais. Ou se, ao contrário daquilo que seria razoável, estão permitindo que sejam as famosas leis do mercado que imponham as suas exigências como condição para a própria criação das obras culturais, transformando-as em epifenômenos mercadológicos para quem o interlocutor deixa de ser o indivíduo ativo e crítico para ser rebaixado à condição passiva de consumidor generalizado.

É claro que tais leis são cruéis e arrastam, para a sua indiferenciada e cinzenta zona de mediocridade, tantos consumidores quanto produtores, e sua maior vitória está exatamente em criar um círculo vicioso de dependência, até mesmo psicológico, em que produção e consumo da cultura passam a ser equivalentes: aquilo que se produz é produzido para atender a uma necessidade preexistente e já sabida do consumidor.

É o caso, por exemplo, do rico filão editorial do *best-seller* que, tendo a sua origem na vendagem excepcional de uma ou duas obras iniciais, arrasta quer autor, quer leitor, por uma espécie de centrifugação de expectativas, para a repetição confirmadora do preexistente e, por aí, reduzindo quer o autor, quer o leitor, a um fantoche do jogo do mercado, sem qualquer possibilidade do exercício crítico e consciente da leitura ou da escritura.

Neste sentido, talvez valha a pena contar aquilo que é narrado pelo grande poeta e ensaísta espanhol Pedro Salinas em um de seus ensaios sobre o clássico, girando em torno de Cervantes. Contava Salinas que em uma universidade norte-americana, para onde fora, fugindo da Guerra Civil Espanhola, ao sair de uma de suas aulas, foi abordado por uma aluna que, com insistência, lhe perguntava se, como professor de literatura, já havia lido um certo romancista que, durante várias semanas, aparecia em primeiro lugar na lista dos *best-sellers* do *New York Times*. Inicialmente, e por diversas vezes, respondera apenas que não, que não havia lido o mencionado autor. Entretanto, depois de uma insistência inacreditável da aluna, terminou por responder, fazendo-lhe uma pergunta definitiva: se a aluna já havia lido a *Divina Comédia* de Dante e, diante da resposta negativa da aluna, lembrou-lhe, com a enorme paciência dos professores experimentados, que Dante estava, havia já sete séculos, na lista dos *best-sellers*.

Outros e outros exemplos poderiam ser arrolados para falar daquele círculo vicioso de dependência entre produção e consumo sob a égide das leis do mercado, desde as novelas de televisão até os programas de rádio ou televisão que exploram a miséria, não apenas econômica, mas informativa, do público, até mesmo um certo jornalismo cultural transformado em agenciador de grupos ou personalidades, travestido em órgão publicitário, sem qualquer alcance crítico de formação.

As relações entre cultura e mercado sempre existiram e tudo leva a crer que continuarão existindo e o problema não está apenas em enfrentar o desafio da substituição de um pelo outro (embora isto seja a conta a se pagar pela estrutura socioeconômica que se escolheu ou que foi imposta como modo das relações sociais), mas está, sobretudo, em quebrar aquele círculo vicioso de dependência referido e que seja possível ver a cultura e o mercado como interlocutores ativos e críticos um do outro e que, para voltar à minha provocação inicial, somente mediadores educacionais adequados e aprimorados pode proporcionar.

4

O Laço do Livro*

LENDO O ADMIRÁVEL LIVRO de J. H. Willis Jr., *Leonard and Virginia Woolf as Publishers.The Hogarth Press 1917-1941* (Charlottesville and London, University Press of Virginia, 1992), em que a vida intelectual e afetiva dos dois escritores é imantada pela paixão com que criaram e desenvolveram a pequena editora que trazia o nome do local em que moravam, a Hogarth House, e que continuou publicando mesmo depois da morte de seus fundadores (a de Virginia nos anos quarenta e a de Leonard nos sessenta), fiquei imaginando um texto em que se pudesse enlaçar quatro editores contemporâneos do Brasil marcados pelo que chamaria de *loucura dos livros*.

Na verdade, como chamar de maneira diferente aquilo que leva quatro intelectuais bem diversos em seus modos de pensar, de formação e trajetória em nada parecidas, a dedicar suas vidas à publicação e difusão de obras que, num país como o nosso, marcado por uma enorme taxa de analfabetismo (sobretudo o cultural), parecem destinadas de antemão ao pleno fracasso econômico? É claro que o conceito de empresa, tal como aceito pelo sistema capitalista em que vivemos, parece passar ao largo dos projetos que andam nas cabeças de tais editores. Ou, mais rigorosamente,

---

* Publicado na *CULT, Revista Brasileira de Cultura*, Ano V, n. 57.

as editoras que criaram e que continuam a operar, sabe-se lá com quantas e tamanhas dificuldades, são antes a extensão de suas personalidades, marcas e destinos de utopias individuais.

Nada mais inapropriado, portanto, do que chamar de empresas-editoras como a Perspectiva, a Iluminuras, a Ateliê Editorial ou a Giordano (pois é delas de que se trata) assim como não são empresários, respectivamente, Jacó Guinsburg (Rumania, 1921), Samuel Leon (Buenos Aires, 1952), Plinio Martins Filho (Tocantins, 1951) ou Cláudio Giordano (São Paulo, 1939).

Que editor-empresário se dedicaria à edição de um livro, para ficar apenas num recente, como a das obras de Diderot, em dois volumes, incluindo filosofia, política, estética, poética e contos, em que a organização, a tradução e as notas, e de sobra um longo ensaio crítico e erudito sobre o autor francês, são do próprio J. Guinsburg?

Que editor-empresário se arriscaria a publicar no Brasil uma obra como *Novembro*, de Gustave Flaubert, acrescentada de *Treze Cartas do Oriente a Louis Bouilhet*, e precedidas de preciosas aquarelas e desenhos de Delacroix, obras de juventude do grande escritor francês, editadas por Samuel Leon, e que somente agora começam a ser mais amplamente reavaliadas na própria França com o aparecimento das *Oeuvres de jeunesse*, de Flaubert, na republicação, pela Gallimard, na coleção Pléiade, de suas *Oeuvres complètes*?

Que editor-empresário, por outro lado, ousaria editar uma tradução brasileira integral do *Finnegans Wake*, de James Joyce, que, através de Donaldo Schüler, busca recuperar as complexidades (e as dificuldades daí decorrentes) da linguagem do gênio irlandês, ou uma nova edição crítica de *Os Sertões*, de Euclides da Cunha, de Leopoldo M. Bernucci, ou ainda o poema épico *Orlando Furioso*, de Ariosto, além de lançar jovens contistas e poetas em seus primeiros livros, como vem fazendo Plinio Martins Filho, pela Ateliê Editorial?

Que editor-empresário, finalmente, realizaria o incrível feito de não apenas editar (o que já seria uma façanha, dadas as mais de oitocentas páginas da obra), mas de, ele mesmo, traduzir do catalão, apresentar e anotar o livro de Joanot Martorell, *Tirant lo Blanc*, aquele mesmo que é

O LAÇO DO LIVRO

salvo da destruição pelo cura no capítulo VI da primeira parte do *Dom Quixote*, como o fez Cláudio Giordano através de sua pequena editora?

São apenas alguns exemplos de façanhas extremas realizadas pelos quatro editores, algumas das quais situam, pelo menos dois deles (Guinsburg e Giordano) como excepcionais, a meu juízo, em qualquer parte do mundo onde exista movimento editorial, pois não tenho notícia de editor que leve tão longe o compromisso com as obras por eles mesmos editadas.

Será que existe algum editor nos grandes centros editoriais do mundo, digamos Estados Unidos, Inglaterra, Alemanha ou França, que não somente edite mas traduza, prefacie, organize e anote as obras editadas? De minha parte, desconheço, embora não signifique a sua inexistência. É como se, nesses casos, não existisse distinção entre o que, na língua inglesa, se chama, para marcar a diferença, por um lado, *publisher*, e, por outro, *editor*. Aqui o *publisher* é, ao mesmo tempo, *editor*, que é também tradutor e crítico.

Mas, é claro, que os exemplos citados são instâncias extremas: cada uma das editoras possui o seu catálogo renovável que vai desde os setecentos títulos da Perspectiva até os trezentos da Iluminuras, os cento e setenta da Ateliê Editorial e os mais de cem da Giordano.

E em cada um é possível anotar o esforço no sentido da inovação editorial, seja recuperando textos esquecidos (o caso, sobretudo da Giordano), seja publicando coleções de ensaios nacionais ou estrangeiros de importância fundamental para a cultura em geral, ou abrindo uma coleção, como a Signos, para textos de vanguarda criativa (caso da Perspectiva, presente em quase todas as bibliografias de trabalhos universitários que se publicam no país), seja numa mescla saudável de publicação de autores clássicos e estreantes, quer na poesia, na narrativa ou no ensaio (como ocorre com a Ateliê Editorial), seja na divulgação de obras fundamentais da tradição literária latino-americana, ou na tradução de ensaios fundadores da tradição poética alemã, como vem ocorrendo com a Iluminuras.

É que, se a leitura linear de seus respectivos catálogos e o exame mais detido de seus acervos obriga o respeito por suas realizações, pois são editoras que já contam, e muito, dentro do panorama editorial brasileiro, o que, de fato, lhes empresta maior singularidade é a própria inflexão com que a personalidade de cada um dos editores contamina os seus projetos.

Neste sentido, por exemplo, é de enorme coerência que o grande número de obras sobre o teatro em todas as suas angulações (desde as mais teóricas até as de pesquisa histórica, passando pelo ensaísmo monográfico) seja uma pedra de toque da Perspectiva, não fosse J. Guinsburg um dos mais sólidos críticos e historiadores do teatro no país, além de ser professor da área na Universidade de São Paulo.

Mais ainda: o ensaísmo literário está nas origens do então jovem paulista de origens judaicas que compartia com outros jovens leituras e discussões intelectuais, às vezes coordenadas pelo grande Anatol Rosenfeld (de que a Perspectiva já publicou grande parte da obra deixada inédita), o que terminou por caracterizar uma curiosidade intelectual com reflexos naquilo que a editora, desde a sua criação nos anos sessenta, passou a publicar, incluindo quer séries modernas de ensaios que tocam nos mais diversos campos do conhecimento, quer uma das mais abrangentes coleções de literatura judaica existentes no país.

E o que dizer do ainda jovem Samuel Leon, cuja fidelidade às origens argentinas não apenas faz dele um editor de autores latino-americanos (basta lembrar a edição recente de Roberto Arlt, por exemplo), como um editor antenado com aquilo que existe de mais atual nas letras latino-americanas, publicando audaciosamente um autor como Néstor Perlongher, ou mesmo se transformando num competente entrevistador e fotógrafo em encontro entre os poetas Haroldo de Campos e o argentino Juan Gelman, como está no número 55 da revista *CULT*. É que ao editor se acopla a formação de um leitor voraz que, desde muito jovem, fez do livro, como alguns de seus companheiros de geração buenairense, existindo à sombra de uma forte tradição de leitura, aquela de Borges, de Bioy ou da revista *Sur* e das mais ilustradas editoras da região sul-americana, um objeto de dedicação integral.

Mas a paixão pela leitura pode ser acrescentada também pela do livro enquanto objeto de arte (a arte da tipografia, da composição, da ilustração) que acrescenta um elemento da maior importância ao trabalho de editoração, quando este trabalho não se desvincula da vontade de revelar

O LAÇO DO LIVRO

obras de importância para o circuito da cultura. É o que acontece, sobretudo, com Plinio Martins Filho que, através da Ateliê Editorial, e também da Edusp, vem buscando conciliar a publicação de algumas obras com uma leitura, por assim dizer, tipográfica, fazendo retornar a editoração à suas mais autênticas tradições de beleza e de inovação gráfica, não tivesse sido ele um discípulo de J. Guinsburg na Perspectiva, e sendo um professor de editoração na Universidade de São Paulo. O que, como já se disse, não o impede, ao contrário o impele, de buscar a arriscada publicação de jovens autores e de obras sem qualquer expectativa de sucesso comercial.

Mas é mesmo a condição de leitor que faz com que o editor Cláudio Giordano, proclamando-se um *nanico* (título que resolveu dar ao folheto de informações bibliográficas da editora), não obstante a já mencionada façanha gigantesca a que se propôs com o *Tirant lo Blanc*, não apenas se dedique à editoração de textos mais ou menos esquecidos ou desaparecidos como os que perfazem a sua Coleção Memória, como ainda a criar uma Oficina do Livro (a que se incorporou a própria editora), com uma biblioteca aberta a novos leitores e cursos que tratam do livro sob vários ângulos, desde técnicas de conservação à editoração. Neste caso, o sentido empresarial (que, a meu ver, como já assinalei, inexiste nas quatro editoras), é, por assim dizer, substituído por um intenso sentido educacional. É o editor, que é também, e sobretudo, leitor, buscando transferir para outros a sua *loucura*, o que inclui a formação de biblioteca e cursos possíveis.

Editores-leitores-professores-ensaístas num país de tantas desigualdades e misérias só podem estar enlaçados pela *loucura dos livros*.

A amena loucura que se realiza e se acalma com um passar de páginas.

AUTORES

I

Marx, Precursor do Dadaísmo?*

Que Karl Marx era um leitor incansável é bem sabido. Por outro lado, não são poucos os estudos que têm ele por tema como escritor, e não apenas como filósofo e teórico da economia. Sendo assim, e não somente por aquilo que suas idéias têm contribuído para a discussão da literatura, ele é de grande interesse para quem trata com o fato literário.

Dois livros, por exemplo, lidos já há bastante tempo, dão prova do que aí vai dito.

O primeiro, escrito por um estudioso do chamado *New Criticism* norte-americano, Stanley Edgar Hyman, conhecido autor de um influente livro sobre aquela corrente de crítica, *The Armed Vision*, intitulado *The Tangled Bank. Darwin, Marx, Frazer & Freud as Imaginative Writers*[1], trata dos autores mencionados em sua formação de escritores, acompanhando a biografia de cada um e mostrando como se iniciaram, sobretudo, como autores de poemas, dramas ou romances que foram sendo abandonados à medida que se definiam como especialistas em outros campos de conhecimento.

No caso de Marx, por exemplo, são mencionados, por Hyman, um drama, *Oulanem*, um romance, *Escorpião e Félix*, um diálogo filosófico, *Cleanthus*, e muitos volumes de versos, um dois quais, *O Livro do Amor*,

---

* Publicado na *CULT, Revista Brasileira de Literatura*, Ano II, n. 12.
1. New York, Atheneum, 1974.

42   MISTÉRIOS DO DICIONÁRIO

sabe-se que foi conservado por sua noiva, Jenny von Westphalen, embora, em seguida, tenha desaparecido para sempre.

O segundo livro, escrito por S. S. Prawer, que eu conhecia anteriormente somente como autor de obra introdutória aos estudos de literatura comparada, e intitulado *Karl Marx and World Literature*[2], dedicado exclusivamente a Marx, é uma ampla pesquisa sobre as leituras de obras literárias realizadas por ele, envolvendo não apenas seus contemporâneos, quer dizer, obras dos romantismos alemão, inglês e francês, mas dos autores clássicos, quer daquelas nacionalidades, quer dos gregos e romanos.

Na verdade, como diz Prawer nas páginas introdutórias ao livro, o propósito da obra foi múltiplo, buscando mostrar:

> [...] o que disse acerca da literatura nos vários momentos de sua vida; que uso fez dos muitos romances, poemas e peças teatrais que leu por prazer, divertimento ou instrução; e como inseriu, em obras não abertamente preocupadas com literatura, a terminologia e os conceitos de crítica literária.

É, portanto, um livro fascinante e não apenas pelo número de informações que transmite ao leitor, como ainda pela capacidade do autor, numa linguagem de grande nitidez e beleza, em distinguir aquilo que é, de fato, procedente de Marx, daquilo que o tempo se encarregou de fazer passar como de Marx. (Para ilustração do trabalho de Prawer, basta atentar para a nota de rodapé inicial, em que transcreve um trecho de carta de Marx a Engels, de 1856, em que aquele se queixava a este de serem ambos tratados como se fossem uma única pessoa: "'O que é muito estranho', queixava-se Marx numa carta a Engels acerca de um comentarista contemporâneo, 'é ver como ele nos trata no singular: Marx e Engels *disse* etc.'".)

Desta maneira, fica o leitor sabendo, por exemplo, que o cânone de Marx incluía Homero, Ésquilo, Ovídio, Lucrécio, Shakespeare, Cervantes, Goethe, Heine, Dante, Diderot, Balzac, Dickens e que, dentre os autores que não suportava, estão dois clássicos do romantismo francês, Lamartine

---

2. Oxford, Oxford University Press, 1978.

MARX, PRECURSOR DO DADAÍSMO?

e Chateaubriand. E que eram autores lidos continuamente, seja nas longas horas dedicadas aos estudos no British Museum, seja em noites em família, quando submetia a mulher e as filhas a prolongadas horas de leitura.

Por um lado, e talvez seja um dos aspectos mais interessantes do livro de Prawer, está o aproveitamento que fazia Marx de suas leituras literárias em seus próprios textos, seja como alusões freqüentes, seja como ilustrações para afirmativas, às vezes polêmicas, seja mesmo, como mostra Prawer no capítulo XI, como metáforas para a concretização de um pensamento que ele sabia às vezes excessivamente abstrato.

Por outro lado, no entanto, está o modo pelo qual vai o autor mostrando de que maneira cada fase do trabalho de Marx, aquele da própria investigação teórico-histórica e aquele das polêmicas jornalísticas e da organização de associações de lutas sociais, foi sendo preenchida por preferências literárias distintas que se revelam em citações explícitas ou alusões contidas em seus escritos, quando não referidas em sua copiosa correspondência.

Assim, por exemplo, no capítulo VII do livro, em que o autor discute aspectos literários do *Manifesto Comunista*, de 1848, Prawer observa que a obra "é atravessada, desde o seu início, pelo que pode ser muito justamente chamada de imaginação 'literária': metáforas, imagens, da literatura oral e escrita, da editoração, e da representação teatral"[3]. De fato, como não sentir na primeira frase do *Manifesto* um eco do *Hamlet*: "Um espectro assombra a Europa?"

No mesmo capítulo, Prawer exemplifica com o uso, no *Manifesto*, de uma *palimpsest image* que, diz ele, os autores provavelmente teriam tomado emprestada de Heine. Vale a pena ler o trecho da obra:

É bem conhecido como os monges escreviam versos ridículos de santos católicos *sobre* os manuscritos em que as obras clássicas do paganismo antigo tinham sido escritas. Os literatos alemães trocaram este processo com a literatura francesa profana. Eles escreveram seus disparates filosóficos por baixo do original francês. Por exem-

3. *Op. cit.*, p. 138.

44 MISTÉRIOS DO DICIONÁRIO

plo, sob a crítica francesa da função econômica do dinheiro, escreveram: alienação da humanidade...[4]

Deste modo, através dos treze capítulos da obra, vai o leitor acompanhando a formação não apenas de um leitor, mas, como não poderia deixar de ser, de um escritor que joga com um enorme conhecimento da *weltliteratur* (refiro-me ao conceito goethiano de trânsito universal de obras literárias). Um escritor para quem a leitura omnívora sempre significou, e é o que mostra Prawer, uma forma de alimentar uma grande operosidade de escrita.

Embora Marx não tenha escrito muito sobre literatura – a sua crítica a *Os Mistérios de Paris*, de Eugène Sue, um dos ensaios de *A Sagrada Família*, a primeira obra em parceria com Engels, composta em 1844, é uma exceção singular na sua obra –, soube fazer da tradição literária uma presença constante em todos os seus textos, dando vida a seus argumentos e tornando concretas as suas reflexões de ordem teórica e histórica.

Mas a grande surpresa reservada ao leitor pela obra de Prawer é a anotação que faz, no capítulo X, "Orators and Culture-heroes", quando trata da polêmica travada por Marx com Karl Vogt acerca do *18 Brumário*, escrevendo uma série de panfletos reunidos em volume em 1860, sob o título de *Herr Vogt*. Como se sabe, aquela obra de Marx era uma lúcida crítica às ambições generalizadas de transformar Napoleão III, como diz Prawer, "na esperança branca da Europa". Atacado por Karl Vogt, ele responde com as críticas reunidas no livro de 1860, tentando revidar as acusações panfletárias daquele que repercutiam além das fronteiras européias. Diz Prawer:

Ele [Marx] tinha lido na imprensa que panfletos bonapartistas circulando na Argélia tinham sido traduzidos para o árabe por um tradutor conhecido como Da-Da; e por um longo tempo aferrou-se à crença de que o seu próprio panfleto deveria ter o título de "Da-Da Vogt". Sua família e os amigos objetaram a isto como muito obscuro e afinal Marx desistiu. Ele o fez relutantemente, porque (como escreveu a Engels):

4. *Idem*, p. 139.

"Da-Da intriga o filistino e é cômico", e novamente: "O fato de que Da-Da intrigará o filistino me agrada e se ajusta bem a meu sistema de zombaria e desprezo".

E acrescenta Prawer:

Mais do que meio século mais tarde um grupo de artistas expatriados em Zurique chegaram à mesma conclusão quando encontraram a palavra *dada* num dicionário francês[5].

Por muito pouco, Karl Marx, dando asas à sua imaginação retórica, além de todos os títulos de que é merecedor na história da inteligência ocidental, não tem mais este, muito surpreendente: o de precursor do movimento dadaísta.

---

5. *Idem*, p. 265. As cartas de Marx, citadas por Prawer, são de 25 de setembro e de 2 de outubro de 1860.

2

Réquiem para Jorge Wanderley*

ANTES DE MAIS NADA, preciso avisar ao leitor que este artigo (por razões que serão dadas no final) será um artigo comovido e, por isso mesmo, dele não se espere uma objetividade que, em outras circunstâncias, seria o que há de mais natural numa coluna que se pretende crítica. O que, de modo algum, significa dizer que se volte apenas para o poeta, desprezando o seu fazer. Pelo contrário, é exatamente pela obra deixada por ele que começo, estabelecendo os parâmetros pelos quais é possível afirmar a sua presença nos quadros atuais da poesia brasileira.

E esta obra, a de Jorge Wanderley, se inicia em fins dos anos cinqüenta quando, em Recife, escreve os seus primeiros poemas, logo reunidos, em 1960, no volume *Gesta e Outros Poemas*, publicado, ali mesmo, por O Gráfico Amador, notável experiência editorial de que tomaram parte alguns intelectuais pernambucanos, tais Orlando da Costa Ferreira, Gastão de Holanda, Aloísio Magalhães, Ariano Suassuna, José Laurênio de Melo e outros, todos eles articulados pelo gosto do livro, da literatura, da arte e da tipografia, a que se vieram juntar, exatamente naqueles anos sessenta, alguns mais jovens como o arquiteto Jorge Martins Filho, o poeta Sebastião Uchoa Leite, o pintor Adão Pinheiro, o próprio Jorge Wanderley e o autor destas linhas.

---

* Publicado na CULT, *Revista Brasileira de Literatura*, Ano III, n. 31.

O livro publicado pelo Gráfico, cujo *design* era de Gastão de Holanda, com gravuras de Adão Pinheiro, numa pequena tiragem de duzentos exemplares, dava origem a uma atividade de poeta que atravessou três décadas e que revela uma enorme fidelidade àqueles primeiros textos.

Na verdade, em *Gesta* e em seus primeiros poemas anteriores, já é possível fisgar aquilo que será uma constante de sua obra poética, isto é, uma grande facilidade para o uso da linguagem, para as formas fixas e livres da poesia, aliada a uma, por assim dizer, confiança no lirismo de cunho pessoal a que não falta, é bem de ver, o traço moderno, ou mesmo modernista, da ironia e do coloquial.

Neste sentido, o poema que dá título ao livro, é um longo texto de cento e oitenta versos, distribuídos em quarenta e cinco quartetos, em que, mais do que uma narração de acontecimentos, como sugere o título, o que se promove é uma convocação para os mesmos, num diálogo incessante de ficcional parceria, como se afirma desde a primeira estrofe:

> Chegado, pressinto em vós
> que não nos separaremos.
> Trazei-me vossa comida
> e comendo conversemos.

É o ardil de que se serve o poeta para estabelecer um vínculo de afetividade que, de um modo geral, caracteriza todos os textos deste seu primeiro livro. Trazendo o leitor para o tumulto de sua subjetividade, a poesia de Jorge Wanderley cria o espaço para uma grande generosidade, refugando qualquer traçado mais objetivo, com a notável exceção que é o poema *Igreja*:

> Cone ou mão quase fechada,
> colina aguda de sal.
> Dentro, o tempo desigual
> e o órgão urdindo a arcada
> de sons.
>
> No som repousa a arquitetura
> dos homens, e a conjetura
> do eterno.

Por aí, talvez, a contrapelo, se explique a insistência no poema de forma fixa que, neste primeiro livro, se revela na composição dos seis sonetos que dele faz parte, embora ainda ali aquele vínculo afetivo seja mantido, não obstante o maior teor de objetividade decorrente da própria estruturação estrófica e rítmica.

Dos seis sonetos então reunidos, apenas dois – "A Criação" e "O de Sempre" – não têm a sua enunciação fincada no sujeito, embora o deslocamento para uma terceira pessoa não anule, ainda que de leve matize, aquele vínculo de afetividade dominante. Mesmo porque, nestes casos, isto é, nos casos dos sonetos mencionados, acresce uma certa solenidade de dicção, por assim dizer, neoclássica (ou mesmo barroca, como ocorre com o "Soneto Inglês"), que confere ao conjunto uma espécie de aura poética, sem dúvida resultante de uma extrema confiança no lirismo de extração subjetiva. O que significa, por outro lado, confiança na linguagem poética, numa linguagem poética mais ou menos passada pelo crivo da tradição, a que, no caso de Jorge Wanderley, vinha se juntar aquela já referida facilidade para o uso da linguagem, livrando suas efetivações poéticas de qualquer problematização quer no nível da enunciação, quer no nível do enunciado, abrindo as portas para uma contínua efusão lírica.

É o caso, por exemplo, do lirismo de traço amoroso que se encontra nas "Três Canções" do livro, em que os sentidos da audição e da visão das duas primeiras, confluem para as interrogantes mais ou menos retóricas da terceira, a culminar com a referência a um amor incontido cuja existência parece percorrer, encoberta, as meditações das duas primeiras.

Sem perda destes traços originários, tais como se configuravam em *Gesta e Outros Poemas*, mas com o acréscimo de experiências literárias e existenciais decisivas (destacando-se, entre estas últimas, o desvio de rumo profissional da medicina e da especialidade em neurocirurgia para o estudo universitário da literatura e seu posterior magistério), decorreram quatorze anos para que, de novo, surgisse um livro do poeta, ainda, desta vez, publicado em Recife pela Imprensa Universitária: o volume de poemas *Adiamentos*, de 1974, a que se veio juntar, neste mesmo ano, a notável tradução do poema *Le Cimetière Marin*, de Paul Valéry, publicado no Rio de Janeiro pela Editora Fontana, nova experiência de Gastão de Holanda no campo da editoração artística, e que teve uma republicação, em 1986, pela Editora Max Limonad de São Paulo.

Na verdade, não era sem significado a publicação simultânea dos dois livros porque se, por um lado, o livro de poemas representava a conquista de uma dicção mais liberta do cerrado subjetivismo afetivo da primeira obra, acrescentado por uma linguagem já mais desconfiada para com os valores do lirismo tradicional, contaminada por uma ironia e uma auto-ironia que, de certa forma, reduzia a solenidade de textos anteriores, a tradução do famoso poema valeryano vinha estabelecer um roteiro de trabalho poético do qual Jorge Wanderley não mais se afastaria, isto é, o de fazer acompanhar a sua produção própria da leitura como tradução de alguns poetas decisivos para a sua formação.

Ao mesmo tempo que aquilo que no próprio título do volume de poemas apontava para uma pausa reflexiva acerca da composição de poemas, obrigando, por assim dizer, a uma suspensão da facilidade no uso da linguagem que lhe era congênita, como já várias vezes se disse, a tradução de um poema com as complexidades conhecidas do texto de Valéry supunha e exigia a problematização dos próprios valores da linguagem poética e, em decorrência, das fontes líricas originárias. Era como se, pela tradução, fosse aprendendo a represar aquela efusão lírica já assinalada e conquistando a realização de textos poéticos mais equilibrados em termos de expressão de uma generosa subjetividade – traço irremovível de personalidade.

Isto, que já desponta nos "adiamentos" líricos do livro de 1974, vai se confirmar nos livros seguintes: *Coração à Parte* (Rio de Janeiro, Achiamé, 1979), *A Foto Fatal* (Rio de Janeiro, Taurus, 1986), *Anjo Novo* (Rio de Janeiro, Taurus/Timbre, 1987). Mas é deste último ano, quando retoma o trabalho público de tradução poética, recriando os poemas de Dante que estão na *Vita Nuova* (Rio de Janeiro, Taurus, 1987), que se inicia uma fase de grande maturidade poética de Jorge Wanderley, em que, por um lado, proliferam as traduções de clássicos e modernos e, por outro, registra-se o aparecimento de seus livros de poemas melhor realizados.

De um lado, as traduções de Shakespeare (*Sonetos*, Rio de Janeiro, Civilização Brasileira, 1991), de poetas norte-americanos (*Antologia da Nova Poesia Norte-americana*, Rio de Janeiro, Civilização Brasileira, 1992), de Shakespeare novamente (*O Rei Lear*, Rio de Janeiro, Relume-Dumará, 1992), de poetas ingleses modernos (*22 Ingleses Modernos*, Rio de Janeiro, Civilização Brasileira, 1993), de Borges (*Borges Poeta*, Rio de Janeiro, Leviatã, 1993), de Lawrence Durrell (*Poemas de Lawrence Durrell*, Rio de Janeiro, Topbooks, 1995) e, por fim, de Dante mais uma vez (*Lírica de Dante Alighieri*, Rio de Janeiro, Topbooks, 1996).

De outro lado, e quase como uma conseqüência de todo esse labor de tradução, os livros de poemas: *Homenagem. Dez Sonetos* (Rio de Janeiro, EDUERJ, 1992) e *Manias de Agora* (Rio de Janeiro, Topbooks, 1994). O primeiro, mais uma homenagem à própria forma poética do que aos temas que se homenageia, foi incluído no segundo, depois de sua edição autônoma em 1992.

Desta maneira, os dois livros podem ser lidos como um único livro, articulados por uma poética que, ao não recusar aqueles vínculos que caracterizavam os livros anteriores, busca acentuar um distanciamento maior em relação àqueles mesmos vínculos, o que permite ao poeta uma tonalidade mais crítica, em que a expressão pessoal é mantida sob o controle da sabedoria artesanal e de uma quase melancólica consciência da destinação poética. O que está tanto na "Homenagem a Freud", pela lembrança do verso temido ("Algum destino trágico me espera"), quanto na "Homenagem a Manuel Bandeira", aqui ainda mais explícita e que vale a pena ler:

Sitia minha dócil fortaleza
Esta vontade de te relembrar.
Coisa fugaz: dezenas de espertezas
Correm a mim no afã de refrear

O que pareça com as recaídas
De um falso lírico que eu sei guardar.
Nele mora o pior das já vencidas
Manias de dizer de par em par,

De escancarar portas e bocas numa
Vaga esperança já sem esperanças.
Ah, fortaleza dócil, que nenhuma

Rude invasão retorne por vingança.
Mas lembro e esta lembrança desarruma
Defesa esperta, equívoca mudança.

Na verdade, um traço marcante de *Manias de Agora* é a persistência com que a presença do poeta é compartilhada, nos próprios poemas, com aquela, cada vez mais insinuante, do leitor de poesia que, como se viu pela extensa relação de suas atividades, afiava o seu instrumento pela tradução.

Entre o poeta confiante da tradição lírica de livros anteriores e este de agora, com suas "manias", instalava-se e ganhava espaço cada vez maior a necessidade de dar expressão ao leitor voraz de poesia que, por sua vez, não se desfazia, por isso mesmo, da consciência crítica. É o acoplamento amadurecido do leitor de toda uma enorme tradição lírica ao poeta que até então se debatera por entre as perigosas urgências da expressão pessoal pautadas por aquela mesma tradição.

Completava-se um ciclo fundamental: o do poeta, do leitor crítico (de que é exemplo o livro de prosa *Arquivo/Ensaio*, publicado pela Edusp também em 1994) e do tradutor, aqui, em *Manias de Agora*, encapsulados na unidade que é o poema. Sirva de exemplo o soneto (disfarçado) "Uma Vida":

O prêmio concedido – com fissura.
O bem já por chegar – mas chega tarde.
A sombra do imperfeito em cada altura
– Onde menos se dê do que se guarde.

Algo por dentro que contém vazios.
A plenitude eternamente à frente,
O adiamento, o quase, o por-um-fio,
Sem direito a nenhum ranger de dentes,

Que derrota não houve; foi apenas
Fruto imperfeito, sim, mas de uma árvore,

Peixe rude, mas vindo em boas águas.
Não há queixa possível, falta pena
Bastante para o verso e para o mármore.
Rói no pétreo silêncio a tua mágoa.

É este ajuste com as fragmentações, esta sobranceira consideração de um trabalho ininterrupto com a linguagem da poesia, seus acertos e frustrações, a retomada de uma dicção distanciada e quase clássica, sem refugar origens e fidelidades, o que vai fazer a força maior do último livro, quase póstumo, de Jorge Wanderley. Na verdade, *O Agente Infiltrado e Outros Poemas* (Rio de Janeiro, Topbooks, 1999) é isto mesmo: o seu título é como que uma definição para aquele movimento que já observei em seus últimos textos na medida em que há uma espécie de "infiltração" na lírica até então cultuada (mais até do que cultivada) pelo poeta e todo o problema para o seu leitor está em saber ler o seu primeiro termo. Para mim, não tenho a menor hesitação em afirmar que aquele "agente" do título é, sobretudo, um elemento pertencente àquela outra tradição lírica – a dos "ofídicos" em oposição a dos "órficos", conforme a própria oposição elaborada por Jorge Wanderley no primeiro ensaio do livro de prosa de 1994, já referido –, estabelecendo-se, deste modo, uma tensão estrutural de grande beleza em alguns dos poemas da obra. Porque, acentue-se, não há, nos melhores exemplos, a dominação de um ou de outro, mas sim a complementaridade, dando como resultado aquela ambiguidade significativa fundamental para a permanência e sobrevida da própria lírica. É claro que o "agente" pode ser também o leitor: uma "infiltração" básica para o movimento poético e, por isso mesmo, a frase que intitula a primeira parte do livro – "você talvez seja um" – sugere a desconfiança. Mas, em numerosos poemas deste livro, a desconfiança é mais ampla do que aquela em relação a seu leitor possível: ela mina os valores tradicionais da lírica e faz de seu "agente" maior, o poeta, um parceiro entre esperançoso e desesperado. Um "agente infiltrado", ele mesmo, roendo "no pétreo silêncio a sua mágoa", como está dito no último verso do poema "Uma Vida" antes citado. Mas a poética que se expressa no poema "Orelha", o último deste livro, diz, de forma abrangente, acerca daquela tensão: por entre o orfismo dominante se insinua, traiçoeiro mas bem-vindo, o ofídico.

Estava completo o poeta. Tão completo (e ainda batalhando na *Comédia* de Dante, cujo *Inferno* terminara de traduzir) que Jorge, o companheiro generoso e onipresente, se foi para sempre, sem sequer avisar a um amigo de quase cinqüenta anos, ao qual não resta senão o pobre tributo desta homenagem em tom de réquiem. Um enorme, enorme vazio.

3

Gilberto Freyre e a Literatura: Alguns Conceitos*

Lidos a partir de hoje e na perspectiva do significado de suas obras para a história do pensamento brasileiro, autores como Gilberto Freyre ou Sérgio Buarque de Holanda, embora tenham convivido e atuado no mesmo espaço cultural da geração daqueles homens e mulheres que, como eu, hoje andam por volta dos sessenta anos, parecem pertencer ao século passado.

E isto não apenas porque algumas de suas anotações de memória se referem a personalidades ou acontecimentos daquele século – é o caso, por exemplo, das referências feitas por Gilberto Freyre a seu encontro, ainda rapaz, mal saído da adolescência, com o historiador Oliveira Lima, ou de Sérgio Buarque de Holanda, já rapaz, se encontrando, em redação de jornal, com o filólogo e crítico João Ribeiro – mas porque suas obras foram construídas através de um forte e constante diálogo com a tradição de cultura que, em suas áreas respectivas de atuação, encontrara o seu apogeu precisamente naquele século.

Eram, por assim dizer, obras que ganhavam o seu maior significado exatamente por reler aquela tradição, na medida mesmo em que ampliavam ou contestavam alguns de seus mais assentados pressupostos. E, por

---

* Publicado, com o título de "O Pensamento Literário de Gilberto Freyre", na *CULT, Revista Brasileira de Literatura*, Ano III, n. 32.

isso mesmo, ambas tinham um traço básico em comum: eram obras de interpretação, quando o ensaísmo brasileiro significava, sobretudo, encontrar pontos de vista hermenêuticos que possibilitassem, em grandes sínteses, a leitura, fosse de ordem social, fosse de ordem histórica, do país.

Obras como *Casa-Grande & Senzala*, *Sobrados & Mocambos* ou *Raízes do Brasil*, ao se transformarem em clássicas pela leitura que delas foi feita nos decênios imediatamente posteriores às suas publicações, respondiam, de fato, como já observaram os seus melhores leitores, a um contexto histórico, social e político que criava a necessidade de seus aparecimentos num momento, como aquele vivido entre os anos 30 e 50, isto é, os correspondentes aos da Segunda Guerra Mundial e aos do pós-guerra, em que mais se fazia urgente uma reordenação de valores e uma reinterpretação daquilo que significara a herança cultural oitocentista para as inteligências que se formaram nas duas primeiras décadas do século que ora termina.

Eram, rigorosamente, obras de interpretação do Brasil, o que também significava que eram obras que reavaliavam interpretações anteriores e que, por isso, ou se acrescentavam a leituras preexistentes ou as modificavam, como ocorria com as já citadas de Gilberto Freyre e de Sérgio Buarque de Holanda, criando novas perspectivas hermenêuticas.

E, assim como na área da criação literária os últimos vestígios de nosso realismo-naturalismo, quer na ficção narrativa, quer na versão parnasiano-simbolista na poesia, eram varridos pela eclosão do Modernismo de 1922, assim o pensamento social e histórico de viés evolucionista e positivista, que era a base epistemológica daquele realismo-naturalismo, era posto em xeque por um ensaísmo mais arejado pelas pesquisas pessoais que encontravam como expressão uma prosa desataviada, que muito aprendera com os experimentos modernos, e que, por isso mesmo, conseguia se desprender da retórica cientificista e pseudo-objetiva que dominara a informação de lastro evolucionista e positivista.

Neste sentido, é preciso fazer uma correção ao que se disse, logo de início, em frase o seu tanto incisiva: parecem homens do século passado na medida em que se defrontam com a herança cultural daquele século, mas são muito especialmente do nosso desde que os seus argumentos, análises e interpretações decorrem de todo o amplo movimento de renovação teórica e de pesquisa, aquela liberdade de experimentação defendida apaixonadamente pelos modernistas, tais Mário e Oswald de Andrade, que foi, talvez, o traço mais marcante da cultura dos primeiros cinqüenta anos do século XX.

Por outro lado, se na história, na antropologia e na sociologia, como demonstram as obras de Gilberto Freyre e de Sérgio Buarque de Holanda, a renovação se fazia, sobretudo, pelo encontro de um tom ensaístico que permitia, desafogadamente, a experimentação teórica e hermenêutica, em que os historiadores, antropólogos e sociólogos se queriam antes ensaístas, escritores, do que especialistas sisudos de suas áreas de atuação, estes mesmos autores, ao se voltarem para a criação literária, ao invés de críticos dogmáticos e especialíssimos ou caturros na emissão de juízos de valor, se preferiam leitores que se postavam nas difíceis articulações entre história, antropologia, sociologia e estética, atentos não apenas para a novidade, por assim dizer, "modernista", das obras, mas empenhados em reler, sob a óptica das novas contribuições estéticas, o passado.

É, para o caso de Sérgio Buarque de Holanda, o que se pode observar, de modo bastante claro, não apenas porque os seus textos de crítica literária foram reunidos em volumes que, reeditados, se tornam facilmente acessíveis ao leitor interessado, como os livros *Cobra de Vidro* e *Tentativas de Mitologia*, ambos da Editora Perspectiva, a que se deve acrescentar, também pela mesma editora, a reedição dos dois volumes da *Antologia dos Poetas Brasileiros da Fase Colonial*, mas ainda porque dois outros volumes vieram completar a sua figura de crítico e historiador literário: *Capítulos de Literatura Colonial*, organizado por Antonio Candido, e *O Espírito e a Letra. Estudos de Crítica Literária*, editado por Antonio Arnoni Prado, ambos pela Companhia das Letras. E estes últimos são, a meu ver, exemplares no sentido de apontarem precisamente para aquela articulação entre história e literatura que faz da leitura da literatura uma constante aventura por entre as tensões temporais, mexendo com o passado com instrumentos atualíssimos de prospecção, de tal maneira que obras como as do Barroco ou do Arcadismo setecentista são, por assim dizer, presentificadas por força da leitura que, sendo histórica, é também estética, mas uma história e uma estética que encontram no ensaio uma forma de expressão arejada que as liberta de qualquer traço de ortodoxia ou de preconceito.

Sem que se deixe de observar o que há de notável no modo pelo qual Sérgio Buarque de Holanda, preservando a sua qualidade de historiador, é capaz de ler obras de seu tempo e lugar, sabendo criar as condições necessárias para projeções no futuro, como, sobretudo, ao considerar a poesia de alguns escritores que somente nos anos cinqüenta e sessenta viriam a ocupar uma posição de relevo na literatura brasileira.

Gilberto Freyre foi menos feliz editorialmente, de sua obra nada existindo, em termos de coletânea, que se possa comparar às duas últimas obras de Sérgio Buarque de Holanda, se bem que é preciso acentuar que, à diferença do paulista, o recifense jamais se ocupou profissionalmente, em cadernos jornalísticos de literatura, de crítica literária, o que ocorreu, em jornais do Rio de Janeiro, com o autor de *Raízes do Brasil*.

Na verdade, o que há de mais especificamente literário na obra de Gilberto Freyre, sem esquecer, é claro, a presença da literatura como fonte de documentação que perpassa toda a sua obra de historiador da cultura, está, creio, em dois volumes: *Perfil de Euclides e Outros Perfis*, editado pela José Olympio nos anos quarenta, e *Vida, Forma e Cor*, organizado por Renato Carneiro Campos, da mesma editora, nos inícios dos anos sessenta.

Sem que se despreze o que há de leitura literária num volume como *Heróis e Vilões no Romance Brasileiro*, editado pela Cultrix e Edusp nos anos setenta, ou mesmo em *Alhos e Bugalhos*, da Nova Fronteira, também dos setenta, é tempo, talvez, de, aproveitando as comemorações de centenário de nascimento do escritor, usar a oportunidade para que se organize, de maneira editorial mais moderna e coerente, uma antologia de seus escritos mais diretamente relacionados à literatura. De qualquer modo, não será, com toda certeza, um volume muito extenso e isto porque não foi na crítica literária propriamente que se exerceu a maior contribuição do autor para a reflexão sobre a literatura, conservando-se mesmo aquela bastante periférica com relação à sua obra de historiador da cultura brasileira, ao contrário do que ocorreu com o seu contemporâneo de São Paulo, bastando percorrer os dois extensos volumes da seleção, de mais de mil páginas, da obra de Sérgio Buarque de Holanda, editada por Antonio Arnoni Prado já referida.

Na verdade, é de outra espécie a contribuição de Gilberto Freyre para a reflexão sobre a literatura no Brasil, a começar pelo fato de que ela se fez, sobretudo, a partir de algumas idéias ou tópicos desenvolvidos, ou apenas insinuados, no seus ensaios de historiador cultural.

Assim, por exemplo, as páginas fundamentais que escreveu, sobretudo no tríptico central de sua obra, isto é, *Casa-Grande & Senzala*, *Sobrados & Mocambos* e *Ordem & Progresso*, sem esquecer as suas origens na tese dos anos vinte e que somente nos anos sessenta foi editada em português sob o título de *Vida Social nos Meados do Século XIX*, sobre os hábitos de leitura na sociedade patriarcal do Império ou mesmo na passagem para a mais burguesa da transformação republicana. São páginas, estas digressivamente espalhadas pela obra do historiador da cultura, que têm a maior importância para a própria história da leitura no Brasil – um trecho da história das mentalidades que só muito recentemente vem interessando a estudiosos da literatura e da história – e que é, como parece óbvio, aspecto essencial para melhor estudar as relações entre literatura e sociedade. História da leitura que muito fragmentariamente encontra uma contribuição importante nas páginas autobiográficas escritas por escritores do século passado – como as mais que famosas de José de Alencar em *Como e Porque sou Romancista* – ou em entrevistas atrevidas e devassadoras de intimidades recatadas, como as realizadas pelo abelhudo João do Rio em seu magnífico *Momento Literário*, dos inícios do século.

Onde, entretanto, melhor se configura a contribuição de Gilberto Freyre para os estudos literários é na insistência com que promoveu o debate acerca de alguns tópicos de interesse para uma leitura mais abrangente da cultura no Brasil, como é o caso das próprias noções de região e de tradição, articuladas ao tema vastíssimo, que era o de seu momento, acerca da modernidade e do modernismo nas artes e demais manifestações culturais. E estes eram tópicos, por assim dizer, inaugurais no percurso ou na trajetória intelectual do autor, acompanhando-o desde cedo, desde os seus anos de formação, revelando-se básicos em seus primeiros escritos ou mesmo em suas primeiras ações culturais, como foi o caso da organização do *Livro do Nordeste*, em 1925, com o qual se pretendeu celebrar a existência centenária do jornal recifense *Diário de Pernambuco*, mas que terminou por ser, mais do que isso, uma proclamação de princípios de uma certa maneira de ler o social, o antropológico, o artístico, o literário, enfim, o cultural, com o que se preparava o Congresso Regionalista do Recife, efetivado no ano seguinte de 1926 e que, da fato, marcou, e de maneira bastante forte, a intervenção de toda a região, mas sobretudo de seu principal organizador, nos debates desencadeados, desde São Paulo, e através da Semana de Arte Moderna de 1922, acerca das questões fundamentais que diziam respeito ao sentido que se devia dar à posição da cultura do país em relação aos movimentos de modernização que eram, por assim dizer, importados do exterior, como as vanguardas literárias e artísticas, sobretudo as de extração européia.

A defesa de região e de tradição que se fizera já no *Livro do Nordeste* e que melhor se qualificava nos trabalhos apresentados ao Congresso Regionalista, era, sem dúvida, vista de hoje, um necessário complemento aos ímpetos modernistas, e algumas vezes rasgadamente futuristas, que caracterizaram algumas das intervenções da famosa Semana.

Mesmo que a peça mais importante que resultou do Congresso Regionalista, o *Manifesto Regionalista*, escrito por Gilberto Freyre, só tenha sido publicado, pela primeira vez, em 1952, criando-se, deste modo, um clima de suspeita quanto à fidedignidade das posições defendidas muitos anos atrás, suspeita que foi levantada, sobretudo, por um "modernista" recifense da época, o escritor Joaquim Inojosa, aquilo que se contém no *Livro do Nordeste* é suficiente para mostrar o grau de intensidade e de abrangência daqueles dois conceitos – o de região e de tradição – com que Gilberto Freyre começara a pensar a cultura no país. É o que está, por exemplo, no excelente prefácio que, para a mais recente reedição do *Manifesto*, escreveu Antonio Dimas, quando afirma:

> E se hoje se aceita sem relutância que o *Manifesto Regionalista* só veio a público em 1952 e que, portanto, não pode ser tomado como documento fidedigno de posições defendidas há setenta anos atrás, não se pode, por outro lado, fazer de conta que tudo depende dele, porque um outro documento, o *Livro do Nordeste*, pode perfeitamente informar sobre as pretensões em voga naqueles anos na capital de Pernambuco.

GILBERTO FREYRE E A LITERATURA: ALGUNS CONCEITOS

E, ao sumariá-las, abrindo espaço para toda uma documentação de caráter nitidamente histórico, antropológico, social e econômico, o livro em homenagem ao centenário do *Diário de Pernambuco* indica os campos intelectuais sobre os quais se pretendia agir. Folheando-o, fica claro que, diferente da renovação pregada em São Paulo, o literário não era prioridade absoluta. Num primeiro momento, pelo menos, São Paulo tinha em mira a Estética; Pernambuco, a História. Estética e História eram, pois, o alicerce dos dois movimentos e o que ocorreu depois, em torno de ambos, foram desdobramentos, de enorme qualidade, sem dúvida, mas que se seguiram no rasto do primeiro[1].

Exatamente por não ser o literário uma "prioridade absoluta", como está magnificamente pensado e dito no texto de Antonio Dimas, e por ser os conceitos de região e tradição os elementos articuladores essenciais de uma relação mais intensa entre Estética e História, é que a complementaridade, também pensada e dita por Dimas, se fazia mais interessante: ao modernismo de São Paulo se acrescentava um sentido da História, ainda que puxasse, de certa maneira, para o lado conservador e mesmo reacionário, sem o qual aquele modernismo corria o risco de esvaziar-se, enquanto movimento de cultura, em mais um ismo estético-literário, sem a substância ou a tensão que somente as relações entre Estética e História podem oferecer.

É nesta direção que os temas da região e da tradição, alicerces daquele sentido da História, impregnando a obra de Gilberto Freyre desde os seus inícios, vão ser decisivos para a própria história da literatura brasileira e se o conceito de região será traduzido, logo em seguida, pelo surgimento de toda uma ficção romanesca que, desde José Américo de Almeida, com *A Bagaceira,* criava a possibilidade de uma retomada temática daquilo que a ficção romântica e realista-naturalista esgotara em termos de mapeamento ficcional do país, o conceito de tradição seria primordial para a leitura, diga-se assim, *moderna* do passado e da própria cultura popular do país.

Antonio Dimas, no prefácio citado, observou, de modo agudo e inteligente, ao considerar os aspectos de leitura da culinária regional que estão

---

1. Gilberto Freyre, *Manifesto Regionalista*, 7ª ed., Organização e Apresentação de Fátima Quintas, Prefácio de Antonio Dimas, Recife, Fundação Joaquim Nabuco, Editora Massangana, 1996.

no *Manifesto*, a tendência para o particular e para o concreto que salta da prosa de Gilberto Freyre ao expressar valores da "cultura popular ou seus instrumentos de trabalho" ("E ao fazer a apologia desses valores, carrega ele no metonímico, no particular; no concreto, como se esse procedimento estilístico ajudasse a reforçar sua investigação e apreciação do miúdo").

Sendo assim, sem se alargar pelo teórico da tradição, é na leitura do concreto da experiência, até mesmo no gosto, como no caso analisado por Antonio Dimas, que a prosa de Gilberto Freyre encontra o viés necessário para se exercer enquanto crítica da cultura, criando os espaços necessários para que a arte e a literatura, senão prioridades absolutas, compartilhem e emprestem as suas simbolizações na leitura do tempo.

4

Renan e o Conceito de Nação*

Em qualquer dos grandes escritores brasileiros de fins do século XIX é possível encontrar referências a Ernest Renan, o historiador das religiões e filólogo que, com sua prosa feita de harmonias, de leve ironia e de cepticismo, alcançou uma enorme popularidade por aqui, sobretudo com a sua *Vida de Jesus*, de 1863, o primeiro dos sete volumes de uma monumental história do Cristianismo.

Talvez se possa mesmo dizer que, com Anatole France, foi o autor francês mais citado pelos escritores brasileiros entre os fins do século XIX e a primeira década do XX. Basta ver com que freqüência o seu nome comparece como referência na *História da Literatura Brasileira,* de José Veríssimo, fazendo parte do conjunto de autores que mais teriam influenciado o pensamento crítico brasileiro daquilo que o próprio Veríssimo chamou de Modernismo, isto é, o período posterior aos anos setenta do século XIX.

Havia uma espécie de culto de Renan e se chegava mesmo a falar em renanistas.

Um dos mais famosos da espécie foi, sem dúvida, Joaquim Nabuco que, no capítulo VII da *Minha Formação*, deixou o registro cabal de sua admira-

---

* Publicado na CULT, *Revista Brasileira de Literatura*, Ano III, n. 35.

ção, mais ainda, de sua veneração pelo escritor francês, sobretudo ao anotar o modo pelo qual Renan, agradecendo o envio do livro de poemas em francês *Amour et Dieu*, do então jovem brasileiro, derramava-se em elogios.

Mais tarde, ao ler uma página de memória, escrita por Renan, Joaquim Nabuco viria a descobrir que ele melhor se definiria entre aqueles para os quais o elogio era simples tática de *pura eutrapelia*, isto é, *mentiras oficiosas e de polidez*, como está em trecho das *Souvenirs d'enfance et de jeunesse*, traduzido por Nabuco[1].

Não obstante a decepção posterior ao ler a página de Renan nesta obra de reminiscências, o primeiro encontro com o francês em Paris é lembrado com deslumbramento em *Minha Formação*:

> Na minha vida tenho conversado com muito homem de espírito e muito homem ilustre; ainda não se repetiu, entretanto, para mim, a impressão dessa primeira conversa de Renan. Foi uma impressão de encantamento; imagine-se um espetáculo incomparável de que eu fosse espectador único, eis aí a impressão. Eu me sentia na pequena biblioteca, diante dos deslumbramentos daquele espírito sem rival, prodigalizando-se diante de mim, literalmente como Luís II da Baviera na escuridão do camarote real, no teatro vazio, vendo representar os *Niebelungen* em uma cena iluminada para ele só[2].

Foi um texto de Ernest Renan que hoje, nem de longe, recebe as reverências com que era tratado por aqueles brasileiros como Nabuco, tendo entrado, pelo menos no Brasil, para aquele rol de autores do século XIX que só os especialistas lembram de citar de vez em quando, pois foi um texto de Renan, a conferência intitulada "Qu'est-ce qu'une nation?" pronunciada na Sorbonne em 11 de março de 1882, que a Tapir Press, de Toronto, no Canadá, publicou em 1996, em edição bilíngüe francês-in-

---

1. Cf. Joaquim Nabuco, "Ernest Renan", *Minha Formação*, Rio de Janeiro/Paris, H. Garnier, Livreiro Editor, 1900, p. 73. Eis o trecho completo de Renan na tradução de Joaquim Nabuco: "Desde 1851 acredito não ter praticado uma só mentira, exceto, naturalmente, as mentiras alegres de pura eutrapelia, as mentiras oficiosas e de polidez, que todos os casuístas permitem, e também os pequenos subterfúgios literários exigidos, em vista de uma verdade superior, pelas necessidades de uma frase bem equilibrada ou para evitar um mal maior, como o de apunhalar um autor. Um poeta, por exemplo, nos apresenta os seus versos. É preciso dizer que são admiráveis, porque sem isso seria dizer que eles não têm valor e fazer uma injúria mortal a um homem que teve a intenção de nos fazer uma civilidade".

2. *Idem*, pp. 71-72.

glês, numa pequena tiragem de quinhentos exemplares, logo seguida por outra de igual número em 1997.

O nome da editora já revela a sua descendência, na verdade um projeto de brasileiro que vive em Toronto e que exerce as funções de professor de literaturas comparada e brasileira na Universidade de Toronto, o carioca Ricardo Sternberg que, desde adolescente, vive nos Estados Unidos e que, se doutorando pela Universidade da Califórnia, com uma tese sobre Carlos Drummond de Andrade, terminou por assumir as funções de professor titular naquela universidade canadense.

A editora já publicou uma série de pequenos opúsculos, todos de poesia, como *Shadow Cabinet*, de Richard Sanger, de 1995, *Point Taenaron*, de Martin McKinzey, de 1997, e *Sea Widow's Journal*, de Greg Keeler, deste ano, não fosse o seu idealizador e editor um poeta já com vários livros, como *Invention of Honey* e *Map of Dreams*, e muitos poemas publicados em pequenas revistas americanas e canadenses.

A edição da conferência de Renan foi muito oportuna: a data de sua publicação era muito próxima à da campanha do referendo que se realizou no Canadá acerca da questão do Québec, o que fez com que Charles Taylor, o famoso ensaísta e filósofo, professor em Montreal, na introdução que escreveu para esta publicação, começasse o seu texto de apresentação afirmando que "embora pronunciada há cento e treze anos atrás, a conferência de Ernest Renan é ainda extremamente atual. Na verdade, de muitas maneiras ela está à frente de seu tempo, talvez mais relevante para a nossa própria realidade do que para a sua"[3].

Por outro lado, creio também que a leitura da conferência de Renan não deixa de ser atual para o momento brasileiro. Um momento que, embora marcado pela euforia (a meu ver, bastante artificial) dos quinhentos anos de descobrimento, é atravessado pela aguda sensação de que, em algum lugar e em algum instante, por força da terrível campanha de convencimento das vantagens globalizadas da economia e da cultura, perdeu-se a própria noção de nacionalidade, não obstante o caráter de artificialismo oficial de sua exaltação.

---

3. Cf. Ernest Renan, *Qu'est-ce qu'une nation?*, Toronto, Tapir Press, 1996, p. 5.

Ora, tal noção, tal como ela existiu no país desde a independência política ao começar a segunda década do século XIX, foi conquistada pela reflexão desencadeada pelos nossos primeiros escritores românticos e continuada por aqueles que, a partir da segunda metade do século, sobretudo com aquele Modernismo já referido, eram leitores também de Ernest Renan (como foi o caso, por exemplo, de Machado de Assis, cujo conceito de nacionalidade, tal como está expresso no famoso ensaio *Notícia da Atual Literatura Brasileira. Instinto de Nacionalidade*, de 1873, muito deve ao clima de revisão crítica por que se passava) e, por isso, podiam melhor entender as tênues, mas importantes, relações que existiam entre a crítica da sociedade e da cultura que começava no Brasil e as reflexões européias, como as de Renan, que sucediam ao conflito franco-prussiano dos inícios dos anos setenta.

E não há duvida de que, como observa Wanda Romer Taylor, a competente tradutora deste opúsculo, em uma nota prefacial, o assunto da conferência de Renan era, sobretudo, motivado pelas tensões existentes entre a França e a Alemanha em relação ao território da Alsace-Lorraine que havia sido anexado pelo Império Germânico pelo Tratado de Frankfurt em 1871.

Não obstante uma motivação tão específica, a conferência de Renan é bastante abrangente e não só delineia aquilo que, historicamente, terminou por ser reconhecido como um direito, isto é, o nacional que veio a se opor ao direito dinástico que, para muitos, seria a base de constituição das nações modernas, mas ainda reflete sobre algumas categorias fundamentais que foram sendo utilizadas para a definição e a afirmação daquele direito. Ou, como diz o próprio Renan:

> É preciso pois admitir que uma nação pode existir sem princípio dinástico, e mesmo que nações que foram formadas por dinastias podem se separar da dinastia sem que por isso deixem de existir. O velho princípio que não leva em conta senão o direito dos príncipes não poderia mais ser mantido; além do direito dinástico, há o direito nacional. Sobre qual critério fundar este direito nacional? Por qual sinal o reconhecer? De que fato tangível fazê-lo derivar?[4]

4. *Idem*, p. 26.

Na verdade, toda a conferência a seguir é uma reflexão sobre aqueles tópicos que, para os historiadores e para os teóricos políticos do tempo, eram pensados como elementos de explicação para a existência dos próprios Estados nacionais, elementos capazes de apontar para a aglutinação, num mesmo território, de individualidades diversas dissolvidas na coletividade. E para Renan são cinco os tópicos principais: a raça, a língua, a religião, a comunidade de interesses e a geografia.

No que se refere ao primeiro tópico, embora reconheça a sua importância formadora no caso das tribos primitivas e da cidade antiga ("Na tribo e na cidade antigas, o fato da raça tinha, nós o reconhecemos, uma importância de primeira ordem. A tribo e a cidade antigas não eram senão uma extensão da família"[5]), para o caso das nações modernas o conceito de raça lhe parece nada convincente e mesmo equivocado. E o trecho em que afirma esta sua convicção é de extraordinária clareza e mesmo ousadia para o momento em que era defendida:

A consideração etnográfica, diz ele, não contou pois em nada para a constituição das nações modernas. A França é céltica, ibérica, germânica. A Alemanha é germânica, céltica e eslava. A Itália é o país onde a etnografia é mais confundida. Gauleses, etruscos, pelágios, gregos, sem falar em outros elementos, ali se cruzam numa indecifrável mistura. As ilhas britânicas, em seu conjunto, oferecem uma mistura de sangue céltico e germânico cujas proporções são singularmente difíceis de definir.

A verdade é que não há raça pura e que fazer repousar a política sobre a análise etnográfica é fazê-la se apoiar sobre uma quimera. Os mais nobres países, a Inglaterra, a França, a Itália, são aqueles onde o sangue é o mais misturado. Neste sentido, a Alemanha é uma exceção? É ela um país germânico puro? Que ilusão! Todo o sul foi gaulês. Todo o este, a partir do Elba, é eslavo. E as partes que se pretendem realmente puras, o são com efeito? Tocamos aqui num dos problemas sobre o qual mais importa em ter idéias claras e evitar mal-entendidos[6].

Argumentação semelhante é utilizada por Renan para desqualificar a língua como elemento único de articulação de uma nacionalidade. Basta citar o breve trecho com que inicia a discussão deste segundo tópico:

5. *Idem*, p. 28.
6. *Idem*, p. 30.

68 MISTÉRIOS DO DICIONÁRIO

O que dissemos da raça, é preciso dizer sobre a língua. A língua convida a se reunir; ela não obriga. Os Estados Unidos e a Inglaterra, a América espanhola e a Espanha falam a mesma língua e não formam uma nação única. Ao contrário, a Suíça, tão bem feita, porque foi feita pelo assentimento de suas diferentes partes, conta com três ou quatro línguas. Existe no homem alguma coisa de superior à língua: é a vontade. A vontade da Suíça de ser unida, apesar da variedade desses idiomas, é um fato bem mais importante do que uma semelhança freqüentemente obtida através de vexames[7].

E assim com a religião

(A religião não saberia mais oferecer uma base suficiente ao estabelecimento de uma nacionalidade moderna[8]), com a comunidade de interesses (A comunidade de interesses é certamente uma ligação poderosa entre os homens. Os interesses, entretanto, seriam suficientes para fazer uma nação? Não o creio. A comunidade de interesses faz os tratados de comércio. Existe na nacionalidade um lado de sentimento; ela é, ao mesmo tempo, alma e corpo [...][9]) e, finalmente, com a geografia (Uma nação é um princípio espiritual, resultante de complicações profundas da história, uma família espiritual, não um grupo determinado pela configuração do solo[10]) para chegar a afirmação derradeira de que uma nação é uma alma, um princípio espiritual. Duas coisas que, para dizer a verdade, não são senão uma só, constituem esta alma, este princípio espiritual. Uma está no passado, a outra no presente. Uma é a posse comum de um rico legado de lembranças; a outra é o acordo atual, o desejo de viver em conjunto, a vontade de continuar a fazer valer a herança que se recebeu intacta[11].

Não se sente aqui algo daquele *instinto* a que se referia Machado de Assis no ensaio famoso, embora o texto do grande escritor brasileiro fosse quase dez anos anterior à conferência de Renan?

Da mesma maneira, não posso deixar de anotar que uma formulação final deste ensaio ("As nações não são alguma coisa eterna. Elas começaram, elas findarão. A confederação européia, provavelmente, as substituirá"[12]), notável pelo acerto premonitório se se pensa na União Européia de

7. *Idem*, p. 36.
8. *Idem*, p. 38.
9. *Idem*, p. 42.
10. *Idem*, p. 44.
11. *Idem*, p. 46.
12. *Idem*, p. 48.

nossos dias, parece ressurgir muito tempo mais tarde no famoso texto de Paul Valéry, *La crise de l'esprit*, de 1919, escrito por entre os escombros da Grande Guerra, cuja frase lapidar inicial parece ecoar Ernest Renan:

Nós outros, civilizações, sabemos agora que somos mortais.

5

Uma Dupla do Barulho[*]

Quando Sílvio Romero (1851-1914) publicou, em 1888, pela Garnier, os dois volumes de sua *História da Literatura Brasileira*, fruto de um trabalho intelectual que vinha se realizando desde os últimos anos da década de sessenta, cujo primeiro resultado foi o ensaio *A Filosofia no Brasil*, publicado em Porto Alegre, em 1878, José Veríssimo (1857-1916) ainda vivia em sua província do Pará, de onde só sairia definitivamente para o Rio de Janeiro em 1891 (nos inícios dos anos setenta fizera os preparatórios na Escola Politécnica do Rio, nela estudando, mas interrompendo os estudos por motivo de doença e retornando ao Pará).

Por essa época, ele ainda se caracterizava como um intelectual que buscava o seu rumo entre estudos de etnografia, pedagogia, atividades jornalísticas em jornais da província e experiências com a ficção de corte naturalista de que resultaria o livro *Cenas da Vida Amazônica*, publicado em 1886.

No ano seguinte à publicação daquela obra de Sílvio Romero, reuniria os seus primeiros textos de crítica literária e de cultura brasileira no volume *Estudos Brasileiros (1877-1885)* de que um segundo volume, com o mesmo título, seria publicado somente no Rio de Janeiro em 1894, por

---

[*] Publicado na CULT, *Revista Brasileira de Literatura*, Ano III, n. 35.

onde se revela toda a admiração do crítico pelo historiador literário (como fica patente no ensaio "A Poesia Popular Brasileira") e mesmo a influência por ele sofrida em alguns textos que o integram, como, entre outros, em "O Movimento Intelectual Brasileiro de 1873-1883".

Esta primeira série dos *Estudos,* juntamente com a obra *A Educação Nacional*, de 1890, e as *Cenas*, formam o conjunto do que de mais importante publicou em sua fase provinciana.

Deste modo, quando surgiu a *História* de Sílvio Romero, que era, na verdade, uma espécie de coroamento de toda a sua atividade intelectual de pesquisador da cultura e da literatura brasileiras, José Veríssimo estava ainda nos inícios de sua carreira de crítico, que ganharia o seu grande impulso com a transferência para o Rio.

Sobre esta obra de Sílvio Romero, José Veríssimo, deixando de lado as inúmeras referências dispersas a ela que estão em toda sua obra, escreveu dois ensaios específicos: o primeiro, "A História da Literatura Brasileira", sobre a segunda edição, publicada em 1902 e 1903, foi artigo para o jornal *Correio da Manhã*, de 10 de setembro de 1902, e depois incluído na sexta série dos *Estudos de Literatura Brasileira,* de 1907; o segundo, "Sobre Alguns Conceitos do Sr. Sílvio Romero", a respeito do *Compêndio de História da Literatura Brasileira*, de fato um resumo da *História*, escrito por Sílvio Romero em colaboração com João Ribeiro, está no livro *Que É Literatura? e Outros Escritos*, de 1907.

A que se segue, ainda na mesma obra, o texto *"Post Scriptum"*, sobre o discurso de recepção a Euclides da Cunha na Academia Brasileira de Letras, pronunciado por Sílvio Romero, que, para o crítico, viria completar o ensaio anterior.

Dois outros textos completam a história da bibliografia crítica de José Veríssimo sobre Sílvio Romero: o texto "O Positivismo no Brasil", acerca da segunda edição de *Doutrina contra Doutrina. O Evolucionismo e o Positivismo no Brasil*, de 1895, e "Martins Pena e o Teatro Brasileiro", sobre *Teatro Brasileiro: Martins Pena (Comédias)*, seleção de peças do dramaturgo com introdução por Sílvio Romero e Mello Moraes Filho, de 1898. Ambos os textos foram publicados pela primeira vez na *Revista Brasileira*, o primeiro em 1895 e o segundo em

1898, e depois incluídos na primeira série dos *Estudos de Literatura Brasileira,* de 1901.

Por outro lado, afora as inumeráveis farpas e maldosas insinuações dirigidas a José Veríssimo que se encontram em diversos escritos de Sílvio Romero, sobretudo as que estão no *Compêndio de História da Literatura Brasileira,* o único texto deste explicitamente acerca daquele é o opúsculo polêmico *Zeverissimações Ineptas da Crítica*[1].

Visto de hoje, este capítulo de bibliografia crítica não é, portanto, muito extenso. No entanto, foi sob a marca da polêmica que a relação entre os dois críticos passou a ser lembrada na história da crítica brasileira[2].

Polêmica, diga-se de passagem, muito mais da parte de Sílvio Romero, com o livro de 1909, cuja linguagem desabrida e argumentação contundente fizeram um jovem autor da época, defensor de José Veríssimo, o então iniciante Assis Chateaubriand, falar de *Morte da Polidez*[3], do que da parte de José Veríssimo, cujos ensaios sobre o seu desafeto são escritos sempre numa linguagem de respeito e, embora restritivos, mesmo de admiração.

Sendo assim, embora não existam elementos que revelem qual teria sido a reação do crítico ao livro romeriano de 1909, o que se pode dizer é que, na introdução à sua última obra, datada de 1912, obra que seria publicada postumamente em 1916, ali está o tributo de admiração que presta à *História* de Sílvio Romero:

A *História* da literatura brasileira do sr. dr. Sílvio Romero é sobretudo valiosa por ser o primeiro quadro completo não só da nossa literatura mas de quase todo o nosso trabalho intelectual e cultura geral, pelas idéias gerais e vistas filosóficas que na história da nossa literatura introduziu, e também pela influência excitante e estimulante que exerceu em a nossa atividade literária de 1880 para cá[4].

---

1. Cf. Sílvio Romero, *Zeverissimações Ineptas da Crítica. Repulsas e Desabafos,* Porto, Oficinas do "Comércio" do Porto, 1909.
2. Sobre as polêmicas literárias entre ambos os críticos e outras, ver Roberto Ventura, *Estilo Tropical. História Cultural e Polêmicas Literárias no Brasil 1870-1914,* São Paulo, Companhia das Letras, 1991.
3. Cf. A. Bandeira de Mello, *A Morte da Polidez,* edição de alguns amigos, s/ed., s.d. (Embora o livro não traga data de edição, os textos que o integram foram publicados no *Jornal Pequeno,* do Recife, entre dezembro de 1910 e janeiro de 1911).
4. Cf. José Veríssimo, *História da Literatura Brasileira. De Bento Teixeira (1601) a Machado de Assis (1908),* 1º Milheiro, Rio de Janeiro, Livraria Francisco Alves, 1916, p. 23.

E este tributo tem ainda uma maior significação, tendo-se em vista que a *História* de José Veríssimo buscava escapar daquilo que lhe pareciam defeitos na obra de seu antecessor.

Já no ensaio publicado em jornal em 1902, depois incluído na sexta série dos *Estudos de Literatura Brasileira*, três pontos principais são ressaltados pelo crítico:

Em primeiro lugar, a questão da periodização da literatura brasileira tal como é utilizada por Sílvio Romero, isto é, segundo José Veríssimo, de modo flutuante e incoerente, revelando *uma erudição lacunosa do objeto*, como ali está dito[5].

Em segundo lugar, a própria definição da literatura e, em decorrência, da história da literatura brasileira ou, como diz o crítico,

[...] deve ela, segundo quer e praticou o sr. Sílvio Romero, comportar tudo quanto na ordem intelectual se escreveu no Brasil, ou, como penso, somente o que é propriamente literário ou o que não o sendo, tem bastante generalidade e virtudes de emoção e de forma para poder ser incorporado na literatura?[6]

Em terceiro lugar, finalmente, e como diz o autor,

[...] definida o que é a literatura brasileira e limitada a compreensão da sua história, um estudo rigoroso devia fazer a seleção dos escritores e obras que lhe pertencem, pois ainda a este respeito há divergências e flutuações grandes, e incoerências, como do mesmo livro do sr. Sílvio Romero se vê[7].

Mas estes reparos feitos por José Veríssimo não vão sem, pelo menos, dois grande elogios à obra de Sílvio Romero.

O primeiro, ao considerar a concepção de literatura e de história da literatura que presidem a concepção e mesmo a organização da obra:

Mas, segundo o velho rifão, *quod abundat non nocet*, e se a *História da Literatura Brasileira* do sr. Sílvio Romero, excedendo os seus justos limites, perde em lógica, em

---

5. Cf. *Estudos de Literatura Brasileira. Sexta Série*, Rio de Janeiro, H. Garnier, Livreiro Editor, 1907, p. 9.
6. *Idem*, p. 10.
7. *Idem*, p. 13.

método, em proporções, e, portanto, em beleza, como obra de arte, ganha em extensão, sendo mais que uma história da nossa literatura, quase uma história da nossa cultura[8].

O segundo, não obstante todos o senões que aponta na *História*, é como que o resumo daquilo que será, desde então, a maneira com que foi lida a obra do historiador. Diz ele:

> [...] a *História* da literatura brasileira do sr. Sílvio Romero é com certeza um dos livros mais originais, ou pelo menos mais pessoais, mais sugestivos, mais copiosos de opiniões e idéias, mais interessantes, de mais veia e temperamento que jamais se escreveram no Brasil[9].

A tais pontos de discordância, mas sem eludir a admiração pela obra de Sílvio Romero, como se vê, é que vai responder precisamente a *História* do próprio José Veríssimo, seja assumindo uma periodização restrita, quando estuda a história da literatura brasileira em duas grandes fases – a colonial e a nacional –, seja deixando de fora de sua *História* todos aqueles textos que não lhe pareciam ser literários, como os de informação sobre o Brasil, os de catequese e outros, seja operando uma seleção muito rigorosa de obras literárias que são por ele lidas e analisadas.

Por todas essas razões, é que a figura intelectual de Sílvio Romero, vista pelas reações que provocou em seu principal leitor do século XIX, assumiu o lugar de destaque que, para sempre, não obstante os seus exageros, as suas incompreensões críticas (basta citar o indefensável e desastroso livro que publicou sobre Machado de Assis, em 1897[10]), ou o personalismo de seus juízos críticos, assumiu na história da crítica e da história literárias do Brasil.

Na verdade, a partir dos anos oitenta, como está dito naquele texto de José Veríssimo sobre a sua *História* antes citado, a presença de Sílvio

---

8. *Idem*, p. 12.
9. *Idem*, p. 3.
10. Cf. Sílvio Romero, *Machado de Assis. Estudo Comparativo de Literatura Brasileira*, Rio de Janeiro, Laemmert, 1897.

Romero na vida cultural brasileira foi avassaladora ou de uma *influência excitante e estimulante*, como diz o próprio José Veríssimo.

De fato, propagador daquilo que chamava de *bando de idéias novas*, em que se deve ler positivismo, evolucionismo e determinismo, onde se misturavam autores como Comte, Spencer, Haeckel, Taine e outros, pouquíssimos aspectos da vida brasileira ficaram de fora de sua curiosidade e de sua enorme capacidade de leitura e observação.

Filosofia, sobretudo história da filosofia no Brasil, crítica e história da literatura, política, cultura popular, etnografia, filosofia do direito, sociologia, América Latina, tudo veiculado por uma intensa paixão polêmica, estão em mais de trinta obras, dez das quais publicadas nos anos oitenta, incluindo-se os dois volumes da *História da Literatura Brasileira*, a última da década.

No terreno específico da literatura foi, sobretudo, um continuador daquele trabalho de pesquisa e mapeamento de nossa atividade literária iniciada pelos primeiros críticos e historiadores do Romantismo, buscando a síntese pela aplicação das novas idéias de que dispunha em seu momento, avultando conceitos evolucionistas e deterministas, que deixa ver a sua *História* de 1888 e, por isso mesmo, não distinguindo, como bem percebeu José Veríssimo, entre história literária e história da literatura.

E, se isto, por um lado, terminou por descaraterizar o seu esforço crítico e histórico-literário, por outro, no entanto, foi fundamental para que se tivesse um largo repertório de obras e autores que os seus pósteros iriam se encarregando de selecionar. De modo que, como diz o seu melhor leitor contemporâneo, "o que se tira de Sílvio Romero com uma das mãos, é preciso dar de volta com a outra"[11].

Creio que o mesmo se pode afirmar em relação a José Veríssimo que, com ele, forma uma dupla do barulho, no sentido literal e no figurado, de nossa crítica entre os últimos anos do século XIX e os primeiros do XX.

---

11. Cf. Antonio Candido, "Introdução", *Sílvio Romero. Teoria, Crítica e História Literária*, Seleção e Apresentação de Antonio Candido, Rio de Janeiro/São Paulo, LTC/Edusp, 1978, p. XXX.

6

Augusto Meyer Ensaísta*

SE ME PEDISSEM PARA definir em uma só palavra a qualidade essencial do ensaísmo de Augusto Meyer, creio que não hesitaria em usar *superação*.

E superação em vários sentidos, a começar por aquele expresso pelo próprio Augusto Meyer no texto que, com título semelhante ao que enfeixa estas notas, escreveu sobre João Ribeiro, ao caracterizar o ensaísmo daquele autor como de superação do ensaio, afirmando-se como poesia do ensaio. E esta, segundo ele, se definiria pelo desafogo da linguagem e pelo uso renovado dos conceitos, trabalhados por uma generosa liberdade que viria se opor à férrea aplicação dos filólogos e gramáticos anteriores.

Mas superação ainda em várias outras direções como, por exemplo, ao enriquecer a linguagem crítica pela criação de metáforas capazes de, num átimo, operar o curto-circuito essencial na apreensão de características de autores ou obras ou mesmo na meditação acerca de certos temas eventualmente sujeitos a intrincadas discussões críticas. É claro que este tipo de superação tem que ver, e muito, com a experiência de linguagem que o crítico entreteve com a criação poética em seus primeiros livros, indo desde *Ilusão Querida*, de 1923 ou 1920, até *Últimos Poemas*, de 1955, passando por *Coração Verde*, de 1926, *Giraluz*, de 1928, *Duas*

---

* Publicado na *CULT, Revista Brasileira de Literatura*, Ano V, n. 54.

78 MISTÉRIOS DO DICIONÁRIO

Orações, também de 1928, *Poemas de Bilu*, de 1929, *Sorriso Interior*, de 1930, e *Literatura e Poesia*, de 1931, todos hoje reunidos em suas *Poesias*, de 1957. E o principal dessa experiência, na esteira das contribuições do Modernismo, momento que marcou os inícios do jovem poeta gaúcho, foi, sem dúvida, o uso de uma linguagem desataviada, com a incorporação dos prosaísmos próprios das atividades literárias de então que se opunham aos excessos parnaso-simbolistas da literatura e da poesia do final do século XIX.

Deste modo, e ainda depois de numerosos artigos críticos publicados sobretudo em jornais de sua província, a estréia em livro como crítico, que se dá com a publicação do volume *Machado de Assis*, de 1935, já revela um autor cuja prosa trazia a marca das conquistas modernistas, antes de mais nada aquelas que se referiam ao aproveitamento das formas coloquiais de expressão, sabendo, por outro lado, articulá-las a uma intuição original para detalhes de composição na obra do grande escritor, sem perda de utilização, por assim dizer, sem pedantismos, de uma erudição propriamente literária, servindo de fundamento a uma prospecção comparatista, e que se revela nas aproximações com Pirandello ou Dostoiévski.

Neste sentido, vale a pena ressaltar a importância concedida por ele à posição singular do narrador de Brás Cubas, caracterizada como volúvel e podendo amarrar, do ponto de vista estilístico, os sentidos mais profundos de realidade que a obra de Machado de Assis patenteia. Era, sem dúvida, uma leitura que muito devia a pressupostos de ordem psicológica mas que, no entanto, trazia, para a bibliografia machadiana, a contribuição essencial de uma crítica atenta para a maneira como os sentidos da obra respondiam a técnicas adequadas de composição e, ao mesmo tempo, compartilhavam de expressões literárias mais universais (de que tanto o escritor italiano quanto o russo serviam como parâmetros), retirando o escritor brasileiro das dimensões tacanhas de uma fortuna crítica anêmica e acanhada.

Da mesma maneira, a obra que publica em seguida – *Prosa dos Pagos*, de 1943 –, sendo obra em que busca reler uma tradição regional da literatura, é notável precisamente por uma outra espécie de superação: a de considerar autores e temas gauchescos sob uma óptica de renovação quer propriamente literária, de que é exemplo o texto sobre João Simões Lopes Neto, quer filológica, como ocorre com o ensaio sobre a palavra e o tema do *gaúcho* na literatura e na cultura do Rio Grande do Sul (tema a que voltará no livro *Gaúcho, História de uma Palavra*, de 1957).

Em ambos os casos, a leitura corre solta, seja pela beleza das anotações de ordem autobiográfica que vão abrindo caminhos vastos pela obra de Simões Lopes Neto, por assim dizer *imitando* os amplos espaços físicos da própria obra do novelista ou dos psicológicos de sua criação, o vaqueano Blau Nunes, seja pela habilidade do crítico em tornar amenas e sutis as pesadas ilações históricas e filológicas da palavra *gaúcho* na sua decisiva e fundamental presença na história rio-grandense.

Mas é importante que se diga, desde já, que aquilo que articula e dá substrato crítico a todas essas leituras é a presença de uma personalidade literária que antes de ser a de um juiz ou a de um didata é, sobretudo, a de um leitor. E de um leitor que não esconde ou subtrai a sua condição de leitor mas que, pelo contrário, faz dessa condição o fulcro de suas inquietações e perplexidades diante das obras, autores e temas de que trata. É mais uma superação: a do crítico resenhador de obras pelo leitor crítico que faz da leitura o *leitmotiv* de uma possível conceituação da crítica e de seu mister.

Na verdade, a imagem utilizada como título do livro que publica a seguir – *À Sombra da Estante*, de 1947 – diz tudo: o crítico que resenha, discrimina ou compara obras e autores (e este é o primeiro dos vários livros em que reunirá textos surgidos dessas atividades em diversos periódicos) não existe sozinho mas é acompanhado pela sombra de outras leituras e outros leitores que são traduzidos pela imagem da estante. Um outro autor usou a imagem da sombra para identificar a atividade crítica: Gaëtan Picon chamou um de seus livros teóricos de *L'écrivain et son ombre*, em que a imagem serve para designar tanto o leitor quanto o crítico que compõem a totalidade da experiência literária. (Diga-se, entre parêntese, que o nosso Araripe Jr., já no século passado, precedeu aos dois: falou da crítica como salto sobre a própria sombra.) Augusto Meyer foi mais radical: a *Estante* resume a presença do leitor e do livro na definição do crítico que é, antes de mais nada, um escritor, fazendo da escrita crítica um modo de abrir veredas por entre o peso da tradição literária e a convergência das experiências pessoais daquela tradição e as mais íntimas do criador de espaços ficcionais que, no caso de Augusto Meyer, encontram o seu alimento na exploração da memória, como vai acontecer, em seguida, quer com o livro de reminiscências, *Segredos da Infância*, de 1949, quer com os dois volumes de estudos etnológicos, *Guia do Folclore Gaúcho*, de 1951, e *Cancioneiro Gaúcho*, de 1952.

Não se pense, entretanto, que essa definição do crítico como leitor e escritor signifique o abandono eventual do rigor analítico sem o qual aquela condição haveria de se desfazer em caprichosas impressões de leitura em que as possíveis interpretações não fossem mais do que simples palpites. Não. No caso de Augusto Meyer, o que há de notável está precisamente em saber atingir o difícil equilíbrio entre a prosa que, para o leitor, corre fácil e desataviada (porque, para o autor, sabe-se ou imagina-se com que dificuldade é conseguida a facilidade), e a seriedade na exploração de métodos de análise adequados para as diversas obras e os mais variados autores sob escrutínio.

Exemplo disso é a belíssima leitura que publicou, em 1955, sobre a obra de Rimbaud sob o título de *Le bateau ivre (Análise e Interpretação)*, a que poderia ter acrescentado *Tradução*, pois é disso que se trata: uma tradução bastante adequada do longo poema por onde foi extraindo os elementos de análise e interpretação. Por ser assim é que o texto publicado dá mostras não apenas de uma aguda sensibilidade para os valores da linguagem poética, como ainda revela as difíceis passagens entre as anotações de cunho analítico, que vão articulando os elementos de estruturação do poema, por onde sobressaem os rítmicos e os imagéticos, e as hipóteses interpretativas que só se confirmam pela aceitação de um *círculo hermenêutico*, bem na tradição dos mestres da Estilística, como Leo Spitzer – *sombra* de Augusto Meyer neste texto.

Creio, no entanto, que é neste livro, *Preto & Branco*, de 1956, cuja terceira edição agora se publica[1] graças ao discernimento crítico e editorial da Diretora do Instituto Estadual do Livro do Rio Grande do Sul,

---

1. Não houve a publicação para a qual, como se percebe, foi escrito o presente ensaio que lhe serviria de introdução.

Tania Franco Carvalhal (existe uma segunda edição de 1971), ela mesma autora de dois livros fundamentais sobre o crítico, onde melhor se revela a dimensão crítica de Augusto Meyer, sem, é claro, desprezar, para sua caracterização como crítico, os três volumes de ensaios que publicará em seguida, isto é, *Camões, o Bruxo e Outros Estudos*, de 1958, *A Chave e a Máscara*, de 1964, e *A Forma Secreta*, de 1965, para não mencionar o segundo volume de suas memórias, *No Tempo da Flor*, de 1966.

Na verdade, os trinta e um textos do pequeno livro[2] que, na primeira edição, soma duzentos e vinte e sete páginas, acentuam e qualificam, das mais diversas maneiras, a definição do crítico como leitor ou do escritor para o qual é a leitura o elemento principal de deflagração da própria escrita.

Assim, por exemplo, nos três primeiros ensaios, que têm Machado de Assis como tema, é a idéia da continuidade da obra e de sua leitura para além da morte física do autor que constitui, por assim dizer, o motivo através do qual vai o crítico dando asas à imaginação, construindo espaços ficcionais, estabelecendo relações propriamente literárias, meditando sobre os limites e as ilimitações da criação literária. O primeiro texto, o magistral *Os Galos Vão Cantar*, é exemplar nesse sentido.

O seu início, sendo uma proposição de caráter ficcional, em que o corpo morto do grande escritor é descrito por entre lamentações susurradas, cheiros e sons, prepara a ressurreição pela leitura dos sobreviventes que já se insinua na última frase do trecho inicial e que dá título ao ensaio:

Aquela cousa que ali está, atirada sobre a cama, entre cochichos tristes, é o corpo morto de Machado de Assis.Quatro horas da madrugada. Vem das árvores do Cosme Velho um cheiro de seiva. Os galos vão cantar.

Como no famoso quarteto de T. S. Eliot, no fim está o seu princípio:

E agora que o velho Joaquim Maria saiu pela porta invisível, deixando como rastro um ponto de interrogação, Machado de Assis, o outro, o inumerável, o prismático,

---

2. Utilizo a primeira edição: Rio de Janeiro, MEC/Instituto Nacional do Livro, 1956, primeiro volume da coleção Biblioteca de Divulgação Cultural, criada pelo então diretor do INL, José Renato Santos Pereira que substituiu o próprio Augusto Meyer na direção do INL no mesmo ano da publicação do livro.

o genuíno Machado, feito do sopro das palavras gravadas no papel e da magia do espírito concentrado entre as páginas, começará realmente a viver.

Deste modo, aquilo que poderia levar o leitor a pensar que o ensaio, dada sua ficcionalidade inicial, não mais seria do que digressões de ordem biográfica, sofre um desvio fundamental, afirmando-se, antes, como reflexão acerca da perenidade das obras para além das existências reais dos seus autores. E depois de lembrar a obra de Proust como desejo supremo de fazer da vida uma luta contínua contra a irreversibilidade do tempo, chegando à belíssima imagem do *observatório da consciência* construído *na ilha da memória*, vem a retomada do *leitmotiv*:

> É assim que morre o homem para que a obra possa viver. Morre a cada momento em cada frase acabada, em todo ponto final. Em verdade, o escritor procurava, talvez inconscientemente, essa outra forma de vida, mais grave e profunda, que principia na hora da morte e se prolonga no tempo através da interpretação dos leitores. E neste sentido é que o livro pode ser uma aventura sempre renovada, principalmente quando construído em profundidade e com uma janela aberta para o futuro. Deu-lhe o autor um inquieto espírito de sonho, para repartir com algumas criaturas escolhidas. Seu sentido interior não pára nunca, nem se deixa deformar pela interpretação parcial dos leitores. Cada palavra impressa esconde um espelho de mil facetas, onde a nossa imagem pode multiplicar-se até a tortura dos indefiníveis.

Na experiência da literatura, portanto, a morte do autor, a morte física e irreversível, encontra a sua contrapartida na vida esfusiante das leituras que possuem a chave da ressurreição. Mas é sempre uma ressurreição parcial que vai se completando pelas mais diversas interpretações que, adequadas ou não, têm o pendor da continuidade. Há, deste modo, paradoxalmente, motivos de alegria mesmo na morte e é deste paradoxo que se alimenta a leitura:

> No cemitério das bibliotecas basta levantar a lápide, e salta do fundo da cova o autor esperto e redivivo, com a mesma fome de vida, a cor da esperança nos olhos abertos e o incontido desejo humano de criar um círculo de atenção em torno da sua palavra. O silêncio pode ser de ouro, mas a tagarelice rabelaisiana supera séculos de esquecimento para chegar até hoje e povoar de ecos alegres a solidão dos gabinetes.

Por isso, o último trecho com que se encerra o ensaio, retomando o discurso ficcional do início, é uma promessa de alegria, pela possível leitura, ainda que por entre os ritos funerários:

Pouco importa esse cortejo que aí vai pela Rua Marquês de Abrantes, rumo ao Cemitério de São João Batista. É dentro de nós mesmos que os homens morrem ou renascem. No carneiro 1359 há um lugar definitivo à espera de Machado de Assis. Tanto melhor: começou agora mesmo a sua vida.

Pelos exemplos transcritos, vê-se como o movimento do ensaio é dado, sobretudo, pelo esforço (que não se sente, é bem verdade) em fazer da reflexão propriamente crítica, e neste caso em torno de uma das questões mais candentes da teoria e da história literária, qual seja, a da perenidade das obras que se atinge pelas leituras renovadas, uma matéria amoldável aos exercícios da imaginação do escritor.

Para dizer de outra maneira, a ficção criada acerca da morte de Machado de Assis somente intensifica, e não apenas distrai, o problema mais grave de sua permanência como autor de ficção, uma ficção que, pelo menos em sua obra mais importante, a partir do *defunto autor* Brás Cubas, fez da morte física um comentário irônico e devastador da vida da literatura. Daí mais uma superação: a de obrigar a reflexão crítica a ser crítica por entre os ares mais arejados e livres da criação ficcional.

Este processo de composição ensaística será o dominante em *Preto & Branco*, fazendo com que em todos os textos se insinui ou compareça a subjetividade do crítico, mas uma subjetividade antes da escrita do que psicológica, conservando, por isso, o espaço de objetividade desejável para as discriminições, correções ou comparações que constituem o trabalho propriamente crítico. Basta a leitura, por exemplo, das frases iniciais do texto sobre Chateubriand para melhor se perceber o que se quer dizer por subjetividade da escrita:

No Grand-Bé, em Saint-Malo, há uma lápide nua e sem nome à beira-mar; mesmo na morte e na ostentação do anonimato, Chateaubriand não se perdia de vista. Mas apesar do mau gosto desse túmulo composto em chave de ouro, imponente é a sugestão de presença e não se pode negar estilo ao grande estilizador de si mesmo. Dá-nos a impressão de estar voltando para o mar, como se fosse o único espelho bastante vasto para refletir-lhe a imagem.

A escrita do ensaísta registra a impressão da paisagem e recorta a hipertrofia do eu que se ajusta a Chateaubriand, criando, entretanto, o espaço para que, logo a seguir, o ritmo do ensaio seja outro, buscando com objetividade caracterizar as contraditórias razões de permanência do autor do *Gênio do Cristianismo*, não obstante as refutações que sofreu de alguns de seus leitores mais dedicados, de que foi exemplo o Stendhal leitor e aprendiz futuro do estilo do Código Civil.

Deste modo, o que chamei de subjetividade da escrita, que outra coisa não é senão a liberdade de fantasia com que prepara o bote crítico, garante um ponto de vista pessoal, ao mesmo tempo que supera (mais uma vez!) as rabugices da crítica convencional.

Neste sentido, creio que se poderia dizer que o livro acolhe textos, quase todos eles publicados em periódicos nos anos quarenta, conforme informa Tania Franco Carvalhal[3], que tratam ou de autores específicos, tais como Machado de Assis, Chateaubriand, Garrett, Herculano, Eça de Queirós, Cervantes, Anatole France, Flaubert, Melville, Euclides da Cunha ou Thomas Hardy, ou de temas literários, tais como o estilo, a partir de um ajuste de contas com a famosa frase de Buffon, o tema da pergunta sem resposta na lírica ocidental, o da infância na literatura, em que são chamados à baila autores tão diversos quanto Graciliano Ramos, Karl Philipp Moritz, Gottfried Keller ou Henry James, o da ilha flutuante a partir de uma leitura de Proust, o da realidade na literatura, o de seu contrário, o do sonho e do devaneio, desde suas origens românticas, o do problema da tradução literária pela leitura da tradução do *Fausto*, de Goethe, por Jenny Klabin Segall, o da porção de inconsciente que entra na composição da obra de arte, a partir da leitura de um ensaio sobre Mozart, o do gosto de certos escritores pelo estilo adornado de adjetivos e *forma copiosa*, o tema da coragem crítica em usar de expressões correntes para manifestar apreço pelas obras literárias, o do *mundo às avessas* e sua

---

3. Cf. *O Crítico à Sombra da Estante*, Porto Alegre, Globo, 1976, pp. 90-91.

permanência e continuidade, desde exemplos medievais até o cancioneiro popular gaúcho, ou ainda dois ensaios mais eruditos, provas de *literary scholarship*, que são os últimos do volume: aquele sobre os pré-socráticos e uma aula inaugural de curso sobre Teoria da Literatura.

Mas não se engane o leitor deste livro: esta relação de temas nada tem a ver com exclusivismos, isto é, os capítulos não vão excluindo os temas à medida que são abordados pelo crítico mas, ao contrário, ficam, por assim dizer, ecoando entre capítulos, em retomadas ou modulações sucessivas, orbitando sempre em torno do motivo central da grandeza e miséria da leitura, para usar uma expressão de Ortega y Gasset ao tratar da tradução.

É como se, no conjunto do livro, estivesse sempre operando aquele princípio fundamental da leitura estilística que manda ir, numa circularidade que se chamou de hermenêutica, das mais largas hipóteses interpretativas aos mínimos detalhes de análise e, de novo, fazer o caminho de volta. Por isso mesmo, há de se entender que, de todo o arsenal metodológico que lhe era disponível, fosse na tradição germânica da Estilística, sobretudo em Leo Spitzer, que Augusto Meyer pudesse encontrar os meios teróricos mais adequados para dar sustentação às suas leituras. Mas, frise-se, não é uma sustentação fria e puramente acadêmica, encontrando o seu respaldo, antes, numa espécie de participação afetiva que resulta da sensibilidade do leitor mais do que de uma mecânica aplicação analítica.

É exemplar, neste sentido, o admirável comentário que escreveu sobre o livro de Spitzer, então recém-publicado, *Linguistics and Literary History*, privilegiando em sua leitura o ensaio spitzeriano sobre o D. Quixote, fundindo duas admirações desmesuradas: a pelo livro de Cervantes e a pelo modo como o crítico vienense conseguia amarrar a grandeza da obra pela análise do que chamou de *perspectivismo lingüístico*. E aquela referida participação afetiva é expressa desde o início do ensaio de Augusto Meyer, sem prejuízos para o que fará, em seguida, de modo muito erudito, pela escavação de detalhes na bibliografia cervantina: "Para todos nós, que vivemos com amor a aventura dos grandes livros, e nos preocupamos com a vida – a vida verdadeira – dos grandes autores, um livro como este é uma pura alegria, a delícia do leitor de entrelinhas, e dá vontade de quebrar a pena [...]".

E, sem que o dissesse explicitamente, mas como o comprovam os numerosos comentários que tece em torno das várias aproximações à obra de Cervantes, as históricas, as lingüísticas e, sobretudo, as biográficas, a razão maior da admiração pelo ensaio de Spitzer está naquilo que, para o próprio autor vienense, era a maior aspiração de seu exercício crítico, ou seja, a passagem entre a Lingüística e a História Literária a partir de uma leitura que não rasurasse a presença fundamental da própria obra de criação.

Era, mais uma vez, assumir o leitor e a leitura como origem e fim da crítica. E mais uma, e última, superação: a que vence a distância entre a linguagem da obra e sua configuração histórica.

7

Lembrança de Roberto Alvim Corrêa*

No meio de centenários literários ilustres – o de Murilo Mendes, o de Cecília Meireles e os próximos de Carlos Drummond de Andrade e de Augusto Meyer –, o de Roberto Alvim Corrêa (1901-1983) passou esquivo e sem menção, de certa forma mimetizando o próprio professor, editor e crítico literário.

Na verdade, era um homem esquivo e discreto que somente a conversação ou a correspondência com amigos deixava ver toda a riqueza de suas experiências e, sobretudo, de suas inquietações.

Pelo menos, foi sempre esta a impressão que me passou quando o conheci nos inícios dos anos sessenta em que, já sendo autor de dois livros de ensaios críticos, *Anteu e a Crítica*, de 1948, e *O Mito de Prometeu*, de 1951, assim como de uma tese de concurso em literatura francesa, *François Mauriac, essayiste chrétien*, também de 1951, e que circulou, em francês, numa pequena tiragem editada pela Editora Agir, publicou o seu *Diário*, em 1960, e sobre o qual escrevi uma resenha no ano seguinte ao da publicação[1]. E a tanto se resume a sua obra escrita e publicada.

A sua outra obra, a de professor de língua e literatura francesas, ele a exerceu em diversas instituições de ensino, desde a antiga Faculdade Na-

---

* Publicado na CULT, *Revista Brasileira de Literatura*, Ano V, n. 55.
1. Cf. "Um Diário de Prometeu", *Jornal do Commercio do Recife*, 24 de dezembro de 1961.

cional de Filosofia até o Instituto Rio Branco, passando por diversas faculdades católicas, quer no Rio, quer em Petrópolis, provocando um verdadeiro fascínio naqueles que tiveram a sorte de ser seus alunos e acompanhar as suas leituras, sobretudo dos poetas franceses de sua preferência, como Baudelaire, Verlaine ou Cocteau, por exemplo.

Entretanto, além de ter sido um dos diretores, juntamente com Alceu Amoroso Lima e Jorge de Sena, da prestigiosa e útil coleção Nossos Clássicos, da Agir, teve uma atuação editorial surpreendente.

É que ele criou e dirigiu, entre 1928 e 1936, em plena Paris daquela *festa* descrita por Hemingway, uma editora que, sob o selo de Éditions Corrêa, publicou obras e autores importantes da literatura francesa, sobressaindo os seis volumes de *Approximations* e os quatro do *Journal*, de Charles du Bos, assim como ensaios do crítico Albert Béguin, autor do admirável *L'âme romantique et le rêve*, além de obras de Jacques Maritain, François Mauriac, Gabriel Marcel, Marcel Raymond, entre outros.

Em suas conversas, sempre e somente se instigado pelo interlocutor, como ocorreu muitas vezes comigo, jovem de vinte e poucos anos fervendo de curiosidade, deixava, às vezes, escapar aspectos interessantes de suas convivências parisienses com escritores como André Gide, François Mauriac, Julien Green, Jean Cocteau ou suas freqüentações em conferências e aulas de um Paul Valéy ou de um Henri Bergson.

É que Roberto Alvim Corrêa havia nascido em Bruxelas, filho do admirável artista plástico Henrique Alvim Corrêa, de quem algumas obras puderam ser vistas em São Paulo quando da exposição *Tradição e Ruptura. Síntese de Arte e Cultura Brasileiras*, de novembro de 1984 a janeiro de 1985, sobretudo graças a Alexandre Eulálio, um de seus curadores. E antes de ir para Paris, onde começou trabalhando em livraria e onde conheceu a brasileira Georgina (a Geo do *Diário*), filha do cônsul-geral brasileiro e descendente de Mauá, com quem terminaria casado por mais de cinqüenta anos, estudou em Genebra, para onde havia se transferido a família. (Diga-se, entre parêntese, que a casa de Henrique Alvim Corrêa e de sua esposa, a francesa Blanche, foi freqüentada muitas vezes pelo jovem Jorge Luís Borges, então estudante em Genebra, conforme depoimento do grande escritor argentino quando de uma conferência no MASP em sua última visita ao Brasil. O que nos leva a ficar imaginando encontros casuais entre Borges e o crítico brasileiro!)

Em 1937, depois de se desfazer da editora, conforme informação de seu filho João Carlos, veio para o Rio de Janeiro com sua pequena família: a mulher, uma filha e o próprio João Carlos, ambos nascidos em Paris. Era um jovem de trinta e seis anos devendo recomeçar a vida numa cidade inteiramente desconhecida e pela qual logo se ligaria por uma verdadeira paixão sempre revelada em suas conversas. ("Gosto do Rio como se gosta de uma mulher, e como os marinheiros gostam do mar", diz numa anotação do *Diário* de 1957.)

"Aqui", escreveu Carlos Drummond de Andrade, em crônica magnífica que, com o mesmo título desta minha, publicou no mesmo ano da morte do crítico,

> [...] certamente sofreria com o espetáculo de uma Europa riquíssima de sabedoria, engolfada numa segunda guerra avassaladora, que calcinava todos os valores humanistas por ele assimilados.
>
> Relembro-o, continua Drummond, nos primeiros tempos de vida no Rio, com sua timidez e sotaque afrancesado. Sem perder o hábito de divulgar literatura, arte e pensamento, incumbia-se da importação de livros franceses para uns tantos amigos. A pobreza exemplar não o fazia lastimar-se. Roberto foi uma presença delicada, omitia-se quando qualquer outro que, como ele, tivesse convivido com os grandes do tempo [...] não deixaria de estadear esse título. Não me lembro de artigo, entrevista ou conferência sua, contando que foi durante certo período um dos motores da vida literária em Paris[2].

O último parágrafo da crônica de Drummond aponta para algo realmente intrigante: como é que, tendo publicado dois livros de ensaios literários, e escrevendo, entre 1942 e 1944, para o suplemento de *A Manhã* e para o *Correio da Manhã*, entre 1945 e 1946, e ainda mais tendo editado um *Diário*, em 1960, como já se disse, e vivendo num meio de conferências e palestras como o universitário, jamais tenha deixado, por escrito ou mesmo gravado, qualquer coisa em que contasse de sua quase inacreditável experiência editorial na Paris efervescente dos anos vinte e trinta?

2. Carlos Dummond de Andrade, "Lembrança de Roberto Alvim Corrêa", *Jornal da Tarde*, São Paulo, 5-7-83, p. 14.

MISTÉRIOS DO DICIONÁRIO

E lendo uma cópia datilografada de páginas de continuação de seu *Diário*, intituladas por ele mesmo de *Diário de um Solitário*, ainda inéditas, e que chegaram às minhas mãos pela generosidade do editor e tradutor Cláudio Giordano (que já me prometeu uma republicação do *Diário* acrescentada daquelas páginas), encontrei uma anotação do autor em que ele refere um encontro com o crítico Augusto Meyer em que este teria, argutamente, reclamado de que ele não escrevesse suas memórias[3]. E, quem sabe se nessas não se pudesse encontrar algo sobre aquela história editorial cuja ausência tanto se lamenta? Porque, na verdade, o seu *Diário* é de uma outra espécie e nele não cabem senão inquietações e presenças.

Deste modo, a menos que se encontre algum manuscrito ou carta em que ele tenha anotado aspectos daquela sua experiência (encontro possível que é visto com ceticismo por João Carlos Alvim Corrêa em conversa que com ele tive), não nos resta senão especular acerca do estranho silêncio, indo desde o simples desgosto para com uma experiência comercial que, afinal, não deu certo (hipótese de João Carlos) até a minha hipótese, bem mais dramática e arriscada, de que as Éditions Corrêa tenha publicado algum autor que, depois e para tristeza do próprio Roberto Alvim Corrêa, tenha se revelado um colaboracionista dos alemães na França posteriormente ocupada pelos nazistas. O que não seria grande surpresa tendo em vista os numerosos casos de intelectuais franceses de grande visibilidade que aderiram ao regime de Vichy, como ocorreu, por exemplo, para citar apenas um, com Drieu La Rochelle, então recente diretor da famosíssima *Nouvelle Revue Française*, que se matou quando da Liberação.

Mas esta última hipótese, somente possível de confirmação pelo conhecimento amplo daquilo que foi publicado, desde a sua criação, pelas Éditions Corrêa, vem esbarrando contra a absoluta falta de dados objetivos, uma vez que, pelo menos no e a partir do Brasil, não se obtém acesso a elementos capazes de compor a história da editora.

---

3. A anotação, com data de 6 de novembro de 1966, é a seguinte: "Encontro na Faculdade com Augusto Meyer que insistiu muito, e de um modo que me comoveu, que escreva minhas memórias. Outros falaram também neste sentido. Pretendo, logo que disponha um pouco mais de meu tempo, tentar essa difícil aventura".

Outro veio muito rico seria a leitura de sua correspondência (e Roberto Alvim Corrêa, no *Diário*, se diz, com freqüência, um correspondente mesmo compulsivo) com amigos brasileiros (dentre os quais sobressaem Ariano Suassuna, em Recife, e Carlos Pinto Alves, já falecido, em São Paulo, ou mesmo Alceu Amoroso Lima, de quem foi grande amigo e admirador) ou franceses, como Albert Béguin ou Charles du Bos.

Tudo isso para uma reconstrução daquilo que foi o aspecto mais instigante de sua biografia, o do criador de uma editora européia, e que terminou por ter importância em sua própria atividade intelectual, dando-lhe uma generosa tendência à disseminação da cultura francesa no Brasil nos anos quarenta e cinqüenta, como foi anotado por Drummond em sua crônica.

Quanto ao crítico propriamente, aquele que é, certamente, no Brasil, o melhor exemplo daquilo que, a partir de Gaston Bachelard, os franceses chamam de *crítica da consciência*, em seu caso lastreada por uma intensa religiosidade de singular catolicismo, aí estão os seus dois livros de ensaios, jamais republicados (e de que o benemérito Cláudio Giordano talvez edite uma antologia, fazendo *pendant* à reedição completa do *Diário*), ricos de sugestões, quer sobre autores franceses (Baudelaire, Mallarmé, Proust, Mauriac, Bernanos, Du Bos, Gide, Maupassant, Romain Rolland), quer sobre brasileiros (Murilo Mendes, Manuel Bandeira, Carlos Drummond de Andrade, Ribeiro Couto, Cecília Meireles, José Lins do Rego, Lúcio Cardoso, Tristão de Ataíde, Mário de Andrade, Gilberto Freyre, Álvaro Lins, Sílvio Romero, entre outros).

O que foi a sua linguagem crítica fica para outra ocasião. Estas são apenas notas para avivar a lembrança do crítico em seu centenário. Mesmo porque já se aproxima o limite de dez mil caracteres (com espaço) recomendados pelo editor.

8

Dostoiévski sob o Manto do Profeta*

Foram necessários 26 anos para que se completasse a obra de Joseph Frank sobre Dostoiévski.

De fato, é de 1976 a publicação do primeiro volume, *Dostoevsky. The Seeds of Revolt, 1821-1849*, numa edição da Princeton University Press, a que se seguiram, pela mesma editora, mais quatro, *The Years of Ordeal, 1850-1859*, de 1983, *The Stir of Liberation, 1860-1865*, de 1986, e *The Miraculous Years, 1865-1871*, de 1995.

Agora, em 2002, e pela mesma editora, é publicado o quinto e último volume, correspondendo aos dez últimos anos da vida e da obra do grande escritor: *Dostoevsky. The Mantle of the Prophet, 1871-1881*.

(Diga-se, entre parênteses, que, por sugestão minha, ainda nos inícios dos anos noventa, os direitos de publicação de toda a obra foram adquiridos para tradução no Brasil.)**

Se a estes anos de publicação forem acrescentados aqueles necessários às leituras e pesquisas sobre a obra dostoievskiana, não será exagero afirmar que a Dostoiévski o autor vem dedicando meio século de sua existência e que, através deste trabalho, Joseph Frank se firmou como um dos maiores especialistas norte-americanos sobre o autor russo, além de ser

---

* Publicado na *CULT, Revista Brasileira de Cultura*, Ano VI, n. 59.
** Os quatro primeiros volumes já foram editados pela Edusp e o quinto já se acha em tradução.

94 MISTÉRIOS DO DICIONÁRIO

professor emérito em literatura comparada e literaturas eslavas das universidades de Princeton e Stanford.

Pela leitura deste último volume, o mais extenso da obra, com quase oitocentas páginas, distribuídas em cinco partes, compreendendo quarenta e um capítulos, pode-se entender mais adequadamente a afirmação que fizera o autor no Prefácio ao primeiro volume: "Meu trabalho [...] não é uma biografia, ou, se o for, deve ser entendida num sentido muito peculiar – pois não me movo da vida para a obra, mas sigo a direção inversa".

Não pense, entretanto, o leitor que esta afirmação do autor traduz a inexistência, na obra, dos elementos biográficos e contextuais; ao contrário, é exatamente a apresentação do escritor "no contexto de uma sólida reconstrução da vida sociocultural de sua época", como diz ele, que confere à obra o teor biográfico e histórico que possui.

É, se posso dizer assim, a biografia de toda uma época centrada em torno de Dostoiévski e, naturalmente, da obra dele, porque esta funciona como o eixo ao redor do qual giram todos os demais elementos, imantados pela preocupação fundamental em ler mais acuradamente os próprios textos.

Deste modo, o interesse pela obra precede a curiosidade pelos detalhes anedóticos da biografia convencional. Ou, nas palavras do próprio Joseph Frank:

Sempre me pareceu um paradoxo que justamente o que mais interessa na vida de um artista – a bem dizer a única razão pela qual nos interessamos em estudá-lo, isto é, suas obras – seja tratado de forma insuficiente nas biografias usuais, em favor da ênfase em incidentes pessoais e detalhes da vida privada. [...] Adotei a perspectiva oposta de fazer do homem Dostoiévski um complemento de suas preocupações artísticas e de sua produção [...].

Não fosse Joseph Frank não apenas um especialista em literatura comparada e estudos eslavos, mas ainda um teórico, sobretudo da narrativa, cujo ensaio de 1945, "Spatial Form in Modern Literature", publicado na *Swanee Review* quando o autor tinha apenas vinte e sete anos, tornou-se um clássico dos estudos da narrativa e somente em 1963, quando o autor já tinha quarenta e cinco anos, foi incluído no primeiro livro de ensaios do autor, intitulado *The Widening Gyre.*

Foi, portanto, um crítico antes de ser o biógrafo de Dostoiévski e um crítico formado no gosto e método do chamado *close reading* da nova crítica anglo-norte-americana dos anos trinta e quarenta. E um crítico sem pressa de publicar, com se pode ver pelas datas de edição antes transcritas.

Essa aliança preciosa entre um leitor analítico de textos e um intérprete mais largo de contextos biográficos e histórico-sociais que, certamente, foi se revelando na medida em que se empenhava na pesquisa sobre Dostoiévski a partir dos anos cinqüenta (de que dá prova, por exemplo, o livro de 1990, *Through the Russian Prism*, também traduzido e editado pela Edusp em 1993), é o que singulariza a obra.

Por isso mesmo, em cada um dos volumes, por entre a enorme massa de fatos e dados biográficos e contextuais, o leitor vai sempre encontrando momentos de leitura crítica detalhada e interpretação de cada uma das obras de Dostoiévski que marcaram o período em foco. Verdadeiros ensaios críticos.

Assim, no volume inicial, é o que ocorre com as leituras que faz de *Pobre Gente*, de *O Duplo* ou de *Netotchka Nezvânova*, ou, no segundo, com as chamadas novelas siberianas, em que se destacam *O Sonho do Tio* e *A Aldeia de Stepântchikovo*, ou, no terceiro, com *Humilhados e Ofendidos*, *Recordações da Casa dos Mortos*, *Notas de Inverno sobre Impressões de Verão*, culminando com as *Memórias do Subsolo*, ou, finalmente, no quarto, com os consagradores *Crime e Castigo*, *O Jogador*, *O Idiota*, *O Eterno Marido* e *Os Demônios*.

E não é diferente o que ocorre neste quinto volume, em que Dostoiévski é apreendido a partir de seu regresso do périplo europeu de quatro anos que fizera em companhia de sua segunda mulher Anna Grigorievna, vinte anos mais moça do que ele, um misto de esposa e secretária (era ela quem taquigrafava os textos do marido) e, posteriormente, se encarregando da pequena editora que publicou ou republicou obras do escritor e de todas as questões de distribuição e venda dos livros.

Era um segundo regresso e muito diferente daquele que fizera nos anos sessenta quando retornara de seu exílio siberiano de dez anos (quatro num campo de prisioneiros cumprindo pena de trabalhos forçados e seis como soldado e depois oficial do exército) e buscando reconquistar o seu espaço entre os círculos intelectuais de Petersburgo através da edição de dois jornais, em companhia de seu irmão Mikhail, sempre sob a ameaça da censura, sobretudo por se tratar de um ex-convicto.

Nesse primeiro regresso, era, na verdade, um escritor que, apesar do sucesso da estréia nos anos quarenta, quando seu primeiro livro, *Pobre Gente*, fora visto como o alvorecer de um grande novo talento de romancista, não parecia ter correspondido às expectativas da crítica e do público, sobretudo depois da publicação de *O Duplo*, não obstante a força contida em suas chamadas novelas siberianas, já citadas.

Agora, nos anos setenta, mais precisamente em julho de 1871, aos cinqüenta anos, regressava como o autor de, pelo menos, três obras-primas, *Crime e Castigo*, *O Idiota* e *Os Demônios*, transformado, aos olhos do público e da crítica, num êmulo de Turguéniev e Tolstói e, o que é muito importante, em grande parte podendo conviver com a pressão dos credores e das dívidas, sobretudo as assumidas pela família de seu falecido irmão, e que fora um dos motivos principais de sua longa ausência do país em fins dos anos sessenta.

Era, de fato, como o designa Frank, no primeiro capítulo da obra, um *retorno tranqüilo* do ponto de vista pessoal, embora as preocupações sociais, políticas e as, não menos importantes, religiosas, logo se transformassem em inquietações constantes e obsessivas do escritor, seja através da publicação regular, em 1873, de seu *Diário de um Escritor*, uma coluna no jornal conservador *O Cidadão*, de que passou a ser editor, seja da elaboração e posterior publicação do romance *O Adolescente*.

E é pela leitura tanto do *Diário* quanto das notas de trabalho escritas por Dostoiévski como preparação para o romance, e do próprio romance, que Frank discute a formação e o desenvolvimento de algumas das idéias fundamentais do escritor sobre a sociedade russa, as polêmicas travadas entre os grupos extremistas e conservadores, as relações sempre tensas, ao menos para Dostoiévski, entre uma concepção européia da vida intelectual, com seus desdobramentos políticos e sociais, e uma posição de intransigente defesa dos valores mais simples do povo russo com o recrudescimento do populismo, sobretudo através da obra e da ação de Nicolai Mikhailóvski, autor do influente e amplamente lido panfleto *O Que É o Progresso?*, em que o publicista se opunha às noções de progresso tais como as que circulavam no Ocidente, a partir dos estudos de Darwin e Spencer, defendendo um retorno àqueles valores.

Por outro lado, desde a publicação de *Os Demônios*, com a sua crítica devastadora dos grupos extremistas, Dostoiévski passara a ser visto com enorme desconfiança pelos núcleos mais jovens e radicais de intelectuais que defendiam atos extremos para a transformação da sociedade russa e para vencer as desigualdades sociais.

Desconfiança que só aumentava com a sua função de diretor em um jornal como *O Cidadão,* caracterizado por idéias de extrema direita, tais como representadas por seu proprietário, o Príncipe Meshcherski.

Um exemplo magnífico de tais desconfianças é encontrado por Frank, num verdadeiro *tour de force* da pesquisa biográfica e histórica, nas tensas relações, nas próprias salas de redação do jornal, entre Dostoiévski e uma jovem jornalista de vinte e poucos anos, Varvara Timofeyeva, que escrevia uma coluna sobre acontecimentos socioculturais para um jornal radical e que, sendo admiradora do grande romancista, não obstante deixou algumas páginas de memória muito azedas acerca da personalidade do escritor e de suas idéias políticas e sociais, principalmente o seu radicalismo conservador e mesmo reacionário.

E das conversas ocasionais entre o editor do jornal e a jovem leitora de provas, Joseph Frank extrai não apenas a fisionomia física e ideológica de Dostoiévski por então, como ainda a impressão que ele provocava numa representante da nova geração de intelectuais, marcada pelo populismo e pelo desejo ardente de transformações.

E esta impressão era, sobretudo, a de um homem de meia-idade convulsionado por direções ideológicas contraditórias, buscando encontrar sempre um ancoradouro numa religiosidade exacerbada para onde ele fazia confluir uma crença também exaltada nos valores tradicionais do povo, embora conseguisse se manter distanciado do populismo teórico dos mais radicais.

E estas contradições, além de estarem explícitas nos textos que escreveu para o *Diário de um Escritor*, lidos detalhadamente por Frank em dois capítulos das primeira e segunda partes do livro, serão recuperadas, logo em seguida, no novo romance que passa a publicar, numa demons-

98   MISTÉRIOS DO DICIONÁRIO

tração inequívoca daquelas contradições, no jornal de orientação populista *Notas da Pátria* e que será o seu penúltimo romance, *O Adolescente*, publicado em livro em 1876.

Deste livro, assim como dos cadernos de anotações sobre ele deixados pelo escritor, Joseph Frank realiza uma leitura de análise e interpretação exemplar nos dois últimos capítulos da primeira parte, intitulados, respectivamente, de "Notas para o Adolescente" e "O Adolescente: O Cavalo de Tróia de Dostoiévski".

E se, no primeiro texto, o interesse maior e a acuidade crítica estão em revelar a íntima relação, no escritor, entre as inquietações de ordem moral, política, social e religiosa e o desejo, por assim dizer, incontrolável de logo lhes dar uma estrutura romanesca, de onde começam a surgir a elaboração de tipos, situações e intrigas, deixando entrever os mecanismos da própria imaginação criadora, no segundo, a grande marca crítica está em saber avaliar as adequações e inadequações técnicas na organização ficcional da matéria da experiência com que contava o escritor.

Numa palavra, o sentido legitimamente crítico de não apenas discorrer sobre os conteúdos da obra, estes abundantes conteúdos que serão sempre o traço mais saliente de Dostoiévski, mas de articulá-los a decisões de técnica da narrativa tomadas pelo escritor.

Assim, por exemplo, a estratégia de combinar num mesmo texto características de um romance de formação (*Bildungsroman*) e novela picaresca, ou de fazer com que, depois da primeira parte do romance, a figura central deixe de ser o próprio narrador, o jovem Arkady Dolgoruk, e passe a ser representada por seu pai natural, Andrei Petrovich Versilov.

Mas são decisões de ordem técnica que Frank percebe como dependentes daquilo que o próprio romance busca comunicar enquanto veículo de idéias entranhadamente experimentadas, ou até mesmo sofridas, pelo escritor e com as quais as suas relações eram antes de conflito do que de aceitação pacificada.

Daí, segundo Joseph Frank, e isto precisa ser enfatizado como admirável intuição crítica e não somente biográfica ou histórica, a sensação de incompletude e de desorganização transmitida pelo romance, principalmente se comparado com o que há de organizado e completo nas teses, ainda que polêmicas e sujeitas a contestações de toda ordem, defendidas pelo escritor em suas três obras-primas anteriores.

E a justeza desse tipo de intuição pode ser ainda mais avaliada se se atentar para a adequação de base entre uma narrativa de adolescência (a primeira pessoal confessional do romance não deixa dúvidas a respeito) e aquilo que o maduro, embora convulsionado, Dostoiévski trazia como inquietações não resolvidas de toda a ordem sobre as questões mais caǹdentes que o acossavam desde os anos sessenta como intelectual que se formara nos embates ideológico-literários dos anos quarenta.

São essas questões, envolvendo sempre os pequenos grupos niilistas radicais, semelhantes àqueles que ele mesmo havia pintado em *Os Demônios*, e os teóricos de um populismo cada vez mais organizado, para as quais Dostoiévski buscava encontrar um meio-termo que, por um lado, não desprezasse os ideais de socialismo inspirado na organização das pequenas comunidades camponesas russas e, por outro, mostrasse os seus vínculos fortes com a tradição religiosa da Ortodoxia de que ele não abria mão.

As tensões decorrentes de sua posição que, de certa maneira, informam a estrutura narrativa de seu livro de 1876, vão achar um veículo apropriado e inovador na maneira que encontrou de dar continuidade ao *Diário de um Escritor* que voltou a publicar no mesmo ano de publicação, em livro, do romance.

Tratava-se agora de uma publicação independente e não mais de uma coluna de jornal, como ocorrera em 1873 em *O Cidadão*, e seu surgimento é descrito por Joseph Frank da seguinte maneira:

> O aparecimento do *Diário de um Escritor* em sua nova forma como uma publicação independente assinalou um importante momento não somente na carreira literária de Dostoiévski mas também na história do jornalismo russo. Nenhuma publicação semelhante havia sido lançada na Rússia, embora revistas escritas por uma só pessoa – à imitação de um precursor como *The Spectator* de Joseph Addison – não fossem de maneira alguma desconhecidas. Uma, de fato, foi escrita por ninguém menos do que uma personagem como a própria Catarina, a Grande. Eram artigos, ensaios familiares e retratos satíricos à maneira polida do século XVIII, destinados antes a distrair e a esclarecer do que proporcionar comentários sérios sobre importantes questões morais e sociais. O *Diário* de Dostoiévski, por outro lado, levantava todas os tópicos

sociopolíticos mais cruciais do dia e ele mesmo se lançava em cada um deles com uma intensidade e gravidade até então sem precedentes.

O que era esta obra, o próprio Dostoiévski encarrega-se de descrever no anúncio para obter subscrições com que fez preceder o seu aparecimento em janeiro de 1876.

> Cada número, diz ele, será composto de dezesseis a vinte e quatro páginas de impressão pequena no formato de nossos jornais semanais. Mas este não será um jornal; todos os doze números (de janeiro, fevereiro, março, etc.) formarão um todo, um livro escrito por uma única pena. Será um diário no sentido literal da palavra, um balanço de impressões de fato experimentadas cada mês, um balanço do que foi visto, ouvido e lido. É claro que algumas estórias e contos podem ser incluídos, mas a primazia será sobre acontecimentos reais. Cada número sairá no último dia do mês e será vendido separadamente em todas as livrarias.

Era uma obra singular e não apenas um longo registro de acontecimentos, idéias e ficções, como o próprio autor parecia interpretá-la (Gary Saul Morson, na introdução que escreveu para a edição americana do *Diário* de 1994, chega a falar na obra como "o grande experimento de Dostoiévski", tal a profusão de temas e técnicas utilizados pelo escritor na criação, segundo Morson, de um novo gênero literário), e a ela Joseph Frank dedica quase a totalidade da segunda parte de seu livro e, no capítulo 14, realiza uma leitura detalhada daquilo que chama, em nota de rodapé, de "conteúdo substantivo e ideológico", remetendo o leitor ao ensaio mencionado de Morson para as questões de ordem estética, através de cinco itens abrangentes com os quais busca cobrir os grandes temas a que respondia o escritor: o povo russo, a *intelligentsia* e o povo, o estado da sociedade russa, a questão social e, finalmente, a questão dos Bálcãs.

A estes itens de conteúdo, acrescenta um suplementar, uma *coda*, como ele o chama, de extraordinária sagacidade crítica.

É que, a partir da constatação de que

> [...] nenhuma figura literária é mais mencionada no *Diário* do que Dom Quixote, que vem a ser associado na mente de Dostoiévski à própria Rússia na presumida pure-

za e altruísmo de sua política externa, e seu constante empenho em encarnar um ideal de lisura na cena mundial,

chega à afirmação que será, por assim dizer, a chave de todo este volume e mesmo de seu subtítulo:

> Dostoiévski também via a si próprio como o profeta de um cristianismo russo ideal de harmonia mundial que foi freqüentemente denunciado como ilusório e tresloucado por seus contemporâneos; e ele podia facilmente se identificar com o muito difamado Cavaleiro da Triste Figura.

Neste sentido, é notável a leitura que faz do texto intitulado "Uma Mentira é Salva por uma Mentira", publicado no número de setembro de 1877 do *Diário*, em que Dostoiévski, tendo enxertado no livro de Cervantes um episódio não existente, um episódio inteiramente reflexivo em que Dom Quixote comenta com Sancho as razões pelas quais os cavaleiros andantes, seres humanos como ele ou Sancho, são capazes de aniquilar exércitos inteiros de homens bem armados, chega à conclusão de que isto só é possível porque aquela primeira mentira é salva por uma outra, ou seja, a de se acreditar na primeira e, deste modo, salvando-se o ideal que esta representava.

A lição extraída por Joseph Frank da intervenção dostoievskiana sobre o texto de Cervantes é de que se trata, na obra de Dostoiévski, de "um secreto questionar-se acerca do glorioso futuro histórico russo que ele proclamava de maneira tão estridente e, ao mesmo tempo, de se recuperar a si mesmo do desespero enquanto contemplava sua Dulcinéia russa". (E, por minha conta e risco, indago: a própria contrafação do episódio já não seria uma maneira de salvar uma mentira por uma outra mentira, dando ao autor a possibilidade de realizar a melancólica reflexão, que está no *Diário*, sobre as incertezas que cercavam as suas mais ostensivas crenças, as quais, não obstante, deveriam, para ele, permanecer vivas?)

Os demais capítulos desta segunda parte singularizam alguns dos grandes temas contidos no *Diário* e que, para Joseph Frank, funcionam como preparativos para *Os Irmãos Karámazov*, que Dostoiévski começa a preparar no ano seguinte, 1878, em que dá por encerrada a publicação do

MISTÉRIOS DO DICIONÁRIO

Diário, ao qual só voltará de modo ocasional com o número único de agosto de 1880, em que publica a sua célebre conferência de Moscou sobre Pushkin, e em 1881, com o também único número de janeiro. Ou, como diz o próprio Joseph Frank:

> Uma das mais notáveis qualidades de Dostoiévski como um romancista é sua habilidade não apenas em pintar personagens com um escrupuloso realismo social e psicológico mas ainda vincular seus conflitos e dilemas a uma exploração dos problemas finais da existência humana – "as questões malditas" que têm sido tradicionalmente postas (e respondidas) pela religião. Esta mesma combinação especial pode ser encontrada no *Diário de um Escritor*. Abordando os tópicos sociopolíticos da cena diária, ele constantemente os coloca numa perspectiva moral-religiosa. Dostoiévski, como sabemos, considerava seu *Diário* uma preparação para seu próximo romance e é nas notas tocando em tais "questões malditas" que os esboços temáticos de *Os Irmãos Karámazov* começam a emergir.

Mas antes de chegar ao livro publicado em 1880 (até o nono livro da segunda parte, de um total de quatro partes, doze livros e um epílogo, a obra aparecera no jornal *O Mensageiro Russo* de 1879), cuja leitura crítica ocupa todos os oito capítulos da quarta e penúltima parte de seu livro, Joseph Frank aborda ainda alguns tópicos dostoievskianos, sobretudo a partir da análise do *Diário*, tendo sempre por fundo algumas daquelas *questões malditas* que transformavam as intervenções de Dostoiévski sobre temas pontuais em largas meditações metafísicas e religiosas, sem dúvida responsáveis pelas animosidades de alguns de seu contemporâneos como também pelas repercussões posteriores que o escritor terá no campo extraliterário e que terminaram, às vezes, por caracterizá-lo, a meu ver inadequadamente, como filósofo.

É o caso da leitura que Dostoiévski faz de Pushkin, puxando a brasa para a sua sardinha, por assim dizer, elevando o grande poeta à condição de profeta do destino histórico da Rússia, assunto de um dos capítulos da terceira parte da obra de Joseph Frank.

Ou o polêmico texto "A Questão Judaica", em que, respondendo a acusações de anti-semitismo, e embora procurando se afastar de alguns aspectos contraditórios daquelas *questões malditas* que o acossavam, sobretudo fazendo uso de argumentos de ordem histórica, não consegue se desvencilhar de algumas armadilhas que a sua própria obra de romancista semeara em seu percurso.

Era como se a racionalização agora perseguida no texto do *Diário* não fosse suficientemente forte para rasurar a paixão com que a sua imaginação de romancista se deixara impregnar por aqueles traços de anti-semitismo de que era acusado.

Mas toda a obra de Dostoiévski, principalmente em seus mais altos momentos, é um tenso arco vibratório que faz ressoar as paixões e que somente a escrita ficcional, e o distanciamento necessário para a sua efetivação, permite o trânsito das racionalidades, sem que, entretanto, fiquem rasuradas aquelas vibrações originárias.

Encontrar passagens para elas, por entre os tormentos das incertezas e das ortodoxias, foi sempre o mérito de Dostoiévski em cada uma das obras-primas que realizou.

E seu último romance, exemplo de tensão na procura daquelas passagens, aquele enorme livro de dimensões quase tolstoianas, pontilhado de regiões escuras e sinistras por entre as quais irrompem momentos de alegria e de intensa luminosidade (para comprovação, basta ler os capítulos 4 e 5 da segunda parte do romance, respectivamente "Rebelião" e "O Grande Inquisidor"), é o foco para onde converge a singular biografia de Joseph Frank, transformando a quarta parte de sua obra num belo ensaio de análise e interpretação, quando cada livro de *Os Irmãos Karámazov* é submetido a cuidadosas prospecções críticas, fazendo convergir para a sua leitura tudo o que a pesquisa e a imaginação histórico-biográfica foi capaz de reunir pelo caminho.

De fato, sabendo ver o último romance de Dostoiévski não apenas como suma de sua obra – o que parece ser um lugar-comum na crítica dostoievskiana – mas detectando novos processos de composição importantes, como, por exemplo, a existência não de um mas de cinco protagonistas simultâneos, sendo como é, nas palavras de Joseph Frank,

> [...] a história de uma família e uma comunidade, não primariamente de um indivíduo, permitindo, por isso, ainda segundo ele, que Dostoiévski narre com uma relativa ausência de intriga, em contraste com a sua usual confiança em um enredo cheio de

surpresas e coincidências. Aqui ele simplesmente alterna as histórias de suas principais figuras em seções sucessivas, algumas vezes com sobreposições de tempo de uma sobre a outra criando suspense sem necessidade de intriga. Todos são frouxa mas natural-mente unidos pela rixa entre Dimitri e seu pai em torno de dinheiro e Grushenka e pelos acontecimentos que culminam no assassinato e no julgamento.

Ou, para dar outro exemplo da agudeza da leitura de Joseph Frank, a riqueza com que agora Dostoiévski se utiliza de alguns recursos estilísticos que eram apenas esporádicos em obras anteriores. É o caso, para citar apenas um, da dimensão simbólica que o autor passa a emprestar a cada uma de suas personagens, "muito mais consistente e propositalmente do que no passado", como a dimensão simbólica de extração napoleônica assumida por Raskolnikov em *Crime e Castigo*, que é o exemplo dado por Joseph Frank, que acrescenta:

> Em *Os Irmãos Karámazov* a cada uma das principais personagens é dada uma dimensão simbólica semelhante mas apropriada a seu ou sua situação e personalidade. Eles são todos, portanto, não apenas indivíduos privados, não apenas tipos sociais contemporâneos mas são vinculados a vastas, velhas forças culturais e históricas e conflitos morais e espirituais.

Ou ainda, para finalizar, citando o biógrafo,

> [...] a rica rede de alusões literárias e bíblicas que se entrelaçam com a ação através do livro. Esta amplificação simbólica torna espessa e enriquece a textura da obra e dá a seus conflitos a dimensão e a ressonância que estamos habituados a encontrar na tragédia poética e não nos mais cotidianos espaços do romance.

São apenas alguns exemplos da riqueza com que o biógrafo, dublê de crítico (não será o contrário?), lê a obra de Dostoiévski – e a vida com a qual ela está maravilhosamente ligada.

E com as quais, depois de cinco volumes e vinte e seis anos, estão também, de modo definitivo, ligados o nome e a vida de Joseph Frank.

OBRAS

I

Mistérios do Dicionário*

A OBRA RECENTE DE Simon Winchester, *The Professor and the Madman* (New York, HarperCollins, 1998), traz um subtítulo escandaloso: *A Tale of Murder, Insanity, and the Making of the Oxford English Dictionary***. Mas é assim mesmo: a história da composição do mais famoso dicionário de língua inglesa, aquele que veio para substituir o não menos famoso *Johnson's Dictionary*, na verdade *A Dictionary of the English Language*, de Samuel Johnson, publicado em 1755, oferece, sem dúvida, os ingredientes de um denso conto de mistério que são explorados, com muita habilidade, por Winchester.

É claro que todo dicionário possui uma história fascinante que não se deixa de imediato apreender pelo leitor que apenas o folheia para tirar dúvidas sobre grafias, pronúncias, origens das palavras, abonações. Por não ser nunca obra individual, mas congregando diferentes personalidades, e exigindo um tempo largo de pesquisas, organização de dados e escrita, a história dos dicionários é sempre uma história acidentada e repleta de curiosidades narrativas. Embora sejam, em geral, conhecidos pelo nome de seus principais editores, e deste modo se diz o *Dicionário do Dr. Johnson*, como se diz o *Littré*, o *Moraes*, o *Aurélio* ou o *Houaiss* é, por

---

* Publicado na *CULT, Revista Brasileira de Literatura*, Ano II, n. 18.
** Há trad. brasileira pela Record, 1999, com o título de *O Professor e o Demente*.

excelência, obra coletiva que, de resto, corresponde ao próprio objeto de sua pesquisa, que é a língua. E com o *Oxford English Dictionary* (mais conhecido pela sigla *OED*) não foi diferente: embora o esquema inicial do *OED* tivesse sido estabelecido em 1858, pela Sociedade Filológica de Londres e com o título mais longo e descritivo de *A New English Dictionary on Historical Principles*, somente vinte anos depois é que se inicia, de fato, a sua composição, sob a coordenação de J. A. H. Murray, e seu primeiro fascículo, de *A a Ant*, surgiu em 1884 e o *OED* só se completou em 1928, setenta anos, portanto, desde a sua concepção inicial, e já depois de morto o seu principal editor, o mencionado J. A. H. Murray, que havia falecido em 1915. Neste longo percurso, o *OED* teve dois editores anteriores a Murray, Herbert Coleridge, sobrinho do célebre poeta e crítico do Romantismo, e F. J. Furnivall, e três co-editores, H. Bradley, W. A. Craigie e C. T. Onions, este último tendo sido o sucessor de Murray na coordenação geral depois de 1915. Por outro lado, em resposta à própria evolução da língua, o *OED* teve vários suplementos a partir de 1933: um segundo em 1957 e mais quatro em 1972, 1976, 1982 e 1986. (Entre parêntese, não posso deixar de anotar uma lembrança muito pessoal: a alegria que vi nos olhos do saudoso Professor Isaac Nicolau Salum, mestre de Filologia da USP, quando, pelos corredores da Universidade, mostrava a alguns de seus colegas os exemplares dos suplementos publicados nos anos setenta.)

De que modo trabalhava James Murray na elaboração do *OED* é possível se ter informações muito detalhadas na biografia que sobre ele escreveu a sua neta, K. M. Elisabet Murray, e que foi publicada com o título muito sugestivo de *Caught in the Web of Words. James Murray and the Oxford English Dictionary* (New Haven and London, Yale University Press, 1977).

Foi um escocês autodidata cuja curiosidade intelectual era espantosa, não se limitando ao conhecimento de mais de trinta línguas e dialetos, incluindo o Português, que é por ele mencionado num resumo de currículo que preparou para tentar emprego, mas se estendendo para as mais diversas áreas das humanidades, das ciências biológicas e físicas, tudo de grande proveito para a atividade que veio a exercer como dicionarista durante toda a sua vida, sobretudo a partir de 1878, como já se assinalou.

MISTÉRIOS DO DICIONÁRIO 109

Autorizado e subsidiado pela *Oxford University Press*, James Murray reuniu um grande número de colaboradores, primeiro em sua própria casa, e depois em Oxford, naquilo que chamou de *Scriptorium*, e a partir daí iniciou o trabalho incansável de coleta de material lexicográfico, de definições e de abonações, sempre tendo por base imediata o *Johnson's Dictionary*, meta a ser, como de fato foi, ultrapassada. No que se refere à última das tarefas – a das abonações –, James Murray contava com duas espécies de colaboradores: aqueles que estavam mais próximos do projeto do *OED*, inclusive os que trabalhavam no *Scriptorium*, e aqueles que responderam às inúmeras solicitações do coordenador no sentido de lerem livros em língua inglesa e de escolherem trechos que pudessem servir para a abonação dos numerosos verbetes.

Um grande número de leitores respondeu à solicitação de Murray e a correspondência trazendo escolha de trechos, ou mesmo sugestões de verbetes, foi, cada vez, mais numerosa. Alguns desses colaboradores continuaram a enviar os seus trabalhos por muitos anos, outros encerraram as suas atividades logo após cumpridas as primeiras tarefas.

Dentre os leitores e abonadores mais assíduos, metódicos e permanentes estava um certo William Chester Minor que, durante todo o tempo de elaboração do *OED*, jamais deixou de enviar suas abonações, sobretudo referentes aos séculos XVI, XVII e XVIII, extraídas dos melhores autores e, com freqüência, muitas vezes para surpresa dos ativos participantes do *Scriptorium*, de autores e obras muito raras e de acesso difícil. Era, na verdade, impressionante a operosidade do Dr. Minor: numa carta de James Murray é possível ler que, durante dois anos, o Dr. Minor teria enviado para o *Scriptorium* uma quantidade inacreditável de abonações (doze mil!) e que, no momento, estaria lendo de cinqüenta a sessenta livros.

Era natural, portanto, que, com o passar dos anos, aumentasse a curiosidade de James Murray a respeito de seu eficiente colaborador.

O que sabia, entretanto, era quase nada: apenas um estranho endereço, Broadmoor, Crowthorne, Berkshire (em que a primeira palavra certamente se referia a uma residência, a segunda à cidade e a última à província ou *county*), e a correção com que eram elaboradas as abonações enviadas pelo Dr. Minor.

Durante mais de vinte anos James Murray não fez senão especular: seria o Dr. Minor, com toda probabilidade, um erudito recluso e abastado que, depois de toda uma vida dedicada a se tornar rico e independente, agora fazia aquilo que, desde sempre, gostaria de fazer, isto é, dedicar-se ao estudo da língua, sem os inconvenientes de uma profissão absorvente, ou seria um rico herdeiro de origem nobre com bastante lazer e conforto para exercer com enorme dedicação uma tarefa que exigia tempo e meios para reunir uma preciosa biblioteca de obras raras e valiosas.

Não obstante os vários convites enviados ao Dr. Minor para que ele pudesse visitar o *Scriptorium*, James Murray sempre recebia respostas muito delicadas e evasivas do seu mais constante colaborador no sentido de que, por razões de ordem pessoal, não lhe era possível atender aos convites. Até que, em fins dos anos de 1890, "com o dicionário indo bem e metade completo", como assinala Simon Winchester, James Murray tomou a decisão de, ele mesmo, fazer uma visita a seu colaborador, o Dr. William Chester Minor.

Vale a pena transcrever, traduzindo, o trecho em que Winchester narra a decisão tomada por Murray e suas inesperadas conseqüências. Diz ele:

Uma vez que ele resolveu ir, telegrafou sobre suas intenções, acrescentando que achava mais conveniente tomar um trem que chegaria em Crowthorne Station – então na verdade conhecida como Wellington College Station, desde que servia ao famoso colégio de meninos situado no vilarejo – depois das duas horas numa certa quarta-feira de novembro. O Dr. Minor enviou um telegrama de volta dizendo que ele seria certamente esperado e muito bem-vindo. Na viagem de Oxford, o tempo estava bom; os trens no horário; em suma, os augúrios eram bons.

Na estação de trens, um landau reluzente e um cocheiro de libré estavam esperando e, com James Murray a bordo, trotaram através das estradas da rural Berkshire. Depois de mais ou menos vinte minutos, o veículo subiu, dobrando um longo caminho de altas tulipas enfileiradas, às vezes fazendo entrever ao largo uma grande e reclusa mansão de tijolos vermelhos. Um criado solene encaminhou o lexicógrafo para os andares de cima e para um estúdio forrado de livros onde, por detrás de uma imensa escrivaninha de mogno, estava um homem de indubitável importância. Dr. Murray curvou-se gravemente e lançou-se ao breve discurso de cumprimento que ele tinha a tanto tempo ensaiado:

"Uma muito boa tarde ao senhor. Sou o Dr. James Murray da Sociedade Filológica de Londres e Editor do *Oxford English Dictionary*. É de fato uma honra e um prazer

MISTÉRIOS DO DICIONÁRIO

finalmente conhecê-lo – porque o senhor deve ser, estimável senhor, meu mais assíduo colaborador, o Dr. W. C. Minor?"

Houve uma breve pausa, um momentâneo clima de embaraço mútuo. Um relógio tocou alto. Houve passos abafados na sala. Um distante ruído de chaves. E então o homem por detrás da escrivaninha limpou a garganta e falou:

"Sinto, estimável senhor, mas não sou. Não é absolutamente como o senhor supõe. Sou, de fato, o Diretor do Asilo para Criminosos Lunáticos de Broadmoor. O Dr. Minor está certamente aqui. Ele é um interno. Tem sido paciente aqui por mais de vinte anos. É o nosso mais antigo residente."

Na verdade, este é o trecho inicial e introdutório do livro de Simon Winchester e é dado, pelo autor, como um *popular myth*: pesquisas posteriores teriam vindo mostrar que o conhecimento entre os dois lexicógrafos ocorrera muito antes e em ocasiões diferentes. De qualquer modo, serve como elemento deflagrador da narrativa e o que permite a Winchester fazer de seu livro o modo pelo qual duas existências tão desiguais foram se encaminhando para um encontro inesperado em torno do grande projeto cultural e literário que foi a realização do *OED*.

Entre o pacato escocês, de família numerosa, vivendo a tranqüilidade rural de um professor de província, como James Murray, e o emigrado norte-americano, doutor em medicina pela Yale University e ex-combatente da Guerra Civil, vivendo as agruras de um desequilíbrio mental que o levou ao assassinato em flagrante de um irlandês de Londres, que era William Chester Minor, traça-se uma intrincada rede de aproximações tecida pela paixão pela língua e pela cultura.

Entre o *Scriptorium* de Oxford e a cela privilegiada transformada em biblioteca de obras raras situada na sinistra mansão de Broadmoor, espaços contrastantes mas convergentes, cria-se um tempo narrativo de grande intensidade no qual o leitor é envolvido por artes da curiosidade que persegue o conhecimento das palavras e dos motivos humanos mais íntimos.

Cada capítulo do livro traz como epígrafe um verbete do *OED* que, de certa maneira, resume o argumento da narrativa e que, no final, se pode ler como um dicionário fragmentado: biografia e ficção como construções erigidas sobre definições, usos, origens e abonações da língua.

2

Um Capítulo de Machado de Assis*

Está no *Dom Casmurro*, de Machado de Assis, capítulo LV: quando passando pela experiência do Seminário, numa noite de insônia, Bentinho procura compor um soneto. Tem os primeiro e último versos, mas o soneto não sai: faltam-lhe os doze versos do meio.

O primeiro, certamente pensado em relação a Capitu, como o próprio Bentinho o reconhece, embora deixasse margem à ambigüidade, dizia assim: *Oh! Flor do céu! Oh! flor cândida e pura!* ("Quem era a flor? Capitu, naturalmente; mas podia ser a virtude, a poesia, a religião, qualquer outro conceito a que coubesse a metáfora da flor, e flor do céu")[1].

O último, pensado como chave de ouro, "considerando que o verso final, saindo cronologicamente dos treze anteriores, com dificuldade traria a perfeição louvada"[2], seria: *Perde-se a vida, ganha-se a batalha!* Com este último verso, entretanto, modifica-se a intenção do primeiro:

> A idéia agora, à vista do último verso, pareceu-me melhor não ser Capitu; seria a justiça. Era mais próprio dizer que, na pugna pela justiça, perder-se-ia acaso a vida, mas a batalha ficava ganha. Também me ocorreu aceitar a batalha, no sentido natural,

---

* Publicado na *CULT, Revista Brasileira de Literatura*, Ano II, n. 14.
1. Machado de Assis, *Dom Casmurro*, prefácio e edição de Ivan Teixeira, São Paulo, Martins Fontes, 1988, p. 143.
2. *Idem, ibidem.*

e fazer dela a luta pela pátria, por exemplo; nesse caso a flor do céu seria a liberdade. Esta acepção, porém, sendo o poeta um seminarista, podia não caber tanto como a primeira, e gastei alguns minutos em escolher uma ou outra. Achei melhor a justiça, mas afinal aceitei definitivamente uma idéia nova, a caridade...[3].

Deste modo, embora o narrador associe a anedota do soneto à leitura que faz de uma obra de colega do seminário, o *Panegírico de Santa Mônica*, ela é antes fruto da solidão experimentada por Bentinho que, obedecendo aos preceitos românticos, vincula a saudade de Capitu ao lirismo amoroso, de tal modo que, segundo o próprio Bentinho, o primeiro verso lhe surgira "como uma exclamação solta", ainda que uma exclamação decassilábica e, por isso, merecedora de uma continuação em forma de poema ou, melhor ainda, de soneto, conforme as preferências da época.

Não bastava ser seminarista, ainda que relutante: era preciso ser poeta e, por aí, se alinhar no grupo de poetas do tempo, dentre os quais Bentinho faz sobressair o cantor das torturas do claustro, Junqueira Freire, que por então estreava: "Ia ser poeta, ia competir com aquele monge da Bahia, pouco antes revelado, e então na moda; eu, seminarista, diria em verso as minhas tristezas, como ele dissera as suas no claustro"[4].

Ao surgir, entretanto, o último verso, aquele que deveria ser a chave de ouro do soneto, quebra-se a linha central da inspiração inicial e ocorre um desvio fundamental, passando-se da expressão das tristezas para uma afirmação de valores mais abstratos, tais a justiça, a liberdade ou a caridade.

A diferença é apontada mesmo pelo próprio poeta-seminarista ao recitar para si os dois versos, em que a languidez de um contrasta com o ritmo forte do outro. Mas entre a languidez do primeiro verso e o brio do segundo, cava-se um fosso e nem mesmo a inversão de sentido a que submete o segundo, *Ganha-se a vida, perde-se a batalha!*, é capaz de realizar o milagre da retomada da inspiração inicial.

Mas este fosso tem uma razão mais recôndita: é que, ao passar da expressão de sentimentos, tal como está no primeiro verso, para a afirmação de idéias, como está no segundo, embora seja conservado vagamente

3. *Idem*, p. 144.
4. *Idem*, p. 143.

o ritmo decassilábico, a consciência de Bentinho funciona como interrupção do encantamento que dera origem ao primeiro verso, acrescendo-se a isto o fato de que ele próprio expressa o descompasso entre ritmo e idéia.

Para me dar um banho de inspiração, evoquei alguns sonetos célebres, e notei que os mais deles eram facílimos; os versos saíam uns dos outros, com a idéia em si, tão naturalmente, que se não acabava de crer se ela é que os fizera, se eles é que a suscitavam[5].

Entre verso, quer dizer, a linguagem própria da poesia, e a idéia, quer dizer, tudo aquilo que o verso é capaz de fazer chegar ao leitor como pensamento ou sentimento, Bentinho percebe e registra um descompasso fatal em sua elucubração, ainda mais acentuado se estão presentes os modelos de poesia de que a sua memória é capaz de evocar. Aquele "banho de inspiração", a que ele recorre no trecho anterior, sendo o recurso de quem conhece e convive com os clássicos, é tão inútil quanto o apelo à natureza que ele fantasia em seguida:

Não tinha janela; se tivesse, é possível que fosse pedir uma idéia à noite. E quem sabe se os vaga-lumes, luzindo cá embaixo, não seriam para mim como rimas das estrelas, e esta viva metáfora não me daria os versos esquivos, com os seus consoantes e sentidos próprios?[6]

De fato, a metáfora muito viva que ocorre ao narrador para intensificar a impossibilidade de criação de Bentinho – *rimas das estrelas* –, fazendo-lhe cada vez mais distante a apreensão do objeto poético, não é do seminarista mas do escritor em que ele, com o passar do tempo e das experiências, se transformou e que, apesar de *casmurro*, encontrava ainda os termos com que figurar toda a dramaticidade daquela fase juvenil que se debatia com a angustiosa incapacidade de expressão.

Por isso, por ser assim uma reflexão posterior acerca da criação poética, que existe por entre trechos de uma memória de formação, de que todo o *Dom Casmurro* é expressão, o capítulo machadiano fisga as tensões existentes não apenas no próprio ato de criação poética, mas nas

---

5. *Idem*, p. 144.
6. *Idem*, p. 145.

MISTÉRIOS DO DICIONÁRIO

relações entre poéticas conflitantes que, no entanto, conviviam nos momentos daquela formação, isto é, por um lado, os traços românticos da adolescência de Bentinho, e, por outro, a presença de elementos realistas traduzidos pela escrita do narrador *casmurro*.

Mas aquilo que dá consistência às tensões de convivência entre as diferenças é a consciência crítica do narrador com relação ao próprio processo de criação poética, o que explica, por outro lado, que o capítulo que encerra a anedota do soneto seja a continuação daquele em que propõe uma reflexão sobre o hábito, ou "sarna de escrever", segundo suas palavras, e que, naquele momento, é referido ao próprio narrador *casmurro*.

Esta sarna de escrever, quando pega aos cinqüenta anos, não despega mais. Na mocidade é possível curar-se um homem dela; e, sem ir mais longe, aqui mesmo no seminário tive um companheiro que compôs versos, à maneira dos de Junqueira Freire, cujo livro de frade-poeta era recente. Ordenou-se; anos depois, encontrei-o no coro de São Pedro e pedi-lhe que me mostrasse os versos novos.

– Que versos? Perguntou meio espantado.

– Os seus. Pois não se lembra que no seminário...

– Ah! Sorriu ele.

Sorriu, e continuando a procurar num livro aberto a hora em que tinha de cantar no dia seguinte, confessou-me que não fizera mais versos depois de ordenado. Foram cócegas da mocidade: coçou-se, passou, estava bom. E falou-me em prosa de uma infinidade de coisas do dia, a vida cara, um sermão do padre X... uma vigairaria mineira...7

Da mesma maneira, assim como a execução do *Panegírico de Santa Mônica*, que provoca a lembrança do soneto frustrado de Bentinho, a criação poética é vista pelo amadurecido *Casmurro* como acidente da mocidade, coceira, ou sarna, passageira, à espera da rotina permanente da prosa.

Neste sentido, a composição de Machado de Assis atua em círculos concêntricos, envolvendo mais do que uma simples narração de juvenil angústia de criação: ela termina apontando para um certo modo de recepção da obra poética no momento e meio em que se situava o escritor, em

7. *Idem*, pp. 138-139.

que a seriedade do comportamento social incluía o escrever em prosa e pensando-se a poesia como produto de acidentes e acasos de realização.

As frases finais do capítulo sobre o soneto confirmam esta concepção:

> Trabalhei em vão, busquei, catei, esperei, não vieram os versos. Pelo tempo adiante escrevi algumas páginas em prosa, e agora estou compondo esta narração, não achando maior dificuldade que escrever, bem ou mal. Pois, senhores, nada me consola daquele soneto que não fiz. Mas, como eu creio que os sonetos existem feitos, como as odes e os dramas, e as demais obras de arte, por uma razão de ordem metafísica, dou esses dois versos ao primeiro desocupado que os quiser. Ao domingo, ou se estiver chovendo, ou na roça, em qualquer ocasião de lazer, pode tentar ver se o soneto sai. Tudo é dar-lhe uma idéia e encher o centro que falta[8].

É notável como Machado de Assis, de modo coerente, faz o seu Dom Casmurro expressar uma concepção da poesia que, não se sabendo resolver por entre o romantismo de sua formação e o realismo-parnasianismo de sua maturidade, ecoa os desastres de suas interpretações pessoais que culminam na ambigüidade narrativa de seus amores com Capitu.

Mais ainda: o primeiro e o último versos do soneto constroem, de modo preciso, a figura do vazio que responde aos doze outros não criados e àquilo que ficou entre as duas pontas da vida, a que se refere o narrador no segundo capítulo da obra. Uma homologia mágica, que somente a consciência crítica de Machado de Assis foi capaz de operar.

---

8. *Idem*, p. 145.

3

REESCREVENDO A ENCICLOPÉDIA*

O ÚLTIMO LIVRO DE Umberto Eco, a que tive acesso e que li em tradução para o inglês, traz uma palavra estranha como título: *Serendipities. Language and Lunacy*[1]. A palavra que, segundo o *Concise Oxford Dictionary*, significa "a faculdade de fazer, por acidente, felizes e inesperadas descobertas", foi introduzida, na língua inglesa, ainda segundo o mesmo *Dicionário*, no século XVIII, por Horace Walpole, o autor do famoso romance gótico *O Castelo de Otranto*, a partir de um conto de fadas do Sri Lanka, chamado *Os Três Príncipes de Serendip*.

Nem sempre, entretanto, os cinco ensaios de Eco, na verdade três são conferências lidas em lugares diversos (a primeira, "The Force of Falsity", na Universidade de Bolonha, a segunda, "Languages in Paradise", em Jerusalém, a terceira, "From Marco Polo to Leibniz", na Universidade de Columbia) e os dois últimos, "The Language of the Austral Land" e "The Linguistics of Joseph de Maistre", textos publicados em volumes dedicados à memória de Luigi Rosiello, seguem à risca a definição do *Dicionário*: se nos três primeiros ensaios é mais fácil perceber a presença do fenô-

---

* Publicado na *CULT, Revista Brasileira de Literatura*, Ano II, n. 20.
[1]. New York, Columbia University Press, 1998. Italian Academy Lectures. Translated by William Weaver, 119 pp.

meno da *serendipity*, dada a atuação do acidental em algumas descobertas, nos dois últimos a determinação, quer de Gabriel de Foigny, no primeiro caso, quer de Joseph de Maistre, no segundo, tornam bem mais difícil a sua percepção.

Na verdade, embora todos os textos sejam, por assim dizer, produtos secundários, ou *by-products*, para usar uma expressão inglesa, do livro de 1993, *A Procura da Língua Perfeita*, creio que é nos dois últimos ensaios que mais claramente se revela esta dependência que, aliás,é explicitada pelo próprio Eco nas palavras iniciais de seu prefácio para este novo livro:

> Na introdução ao meu *A Procura da Língua Perfeita*, informava ao leitor que, tendo em mente os limites físicos de um livro, tinha sido forçado a omitir muitos episódios curiosos e concluía: "Consolo-me a mim mesmo em ter o material para futuras excursões eruditas".

Sendo assim, os ensaios agora reunidos podem ser lidos como exemplares dessas *excursões* e é, de fato, espantosa a erudição que as embasa. Mais do que *serendipities*, o que, sobretudo, opera a convergência entre elas é o gosto pela língua e pelas linguagens, suas origens, suas estruturas e relações, seus significados culturais, não fosse o autor o grande semiólogo que é, com algumas incursões muito bem-sucedidas no campo da ficção literária. Sem ser por *acidente*, para retornar aos termos da definição de *serendipity*, a *faculdade* semiológica de Eco leva-o, de fato, a *felizes e inesperadas descobertas*. As *serendipities* são antes do próprio Eco do que do anedotário de que se serve para ilustrá-las.

Assim, por exemplo, no primeiro ensaio do livro, "The Force of Falsity", lendo numerosos textos medievais e renascentistas e estabelecendo correlações que não estavam disponíveis ou eram muito difíceis de serem feitas em seus momentos de elaboração, Umberto Eco aponta para o fato de como certas afirmações infundadas ganharam foro de verdade e foram incorporadas a uma hipotética enciclopédia do conhecimento.

Neste sentido, são narrados quatro episódios que exigiram a reescritura daquela enciclopédia, embora nem tudo tenha sido negativo em sua crença: a teoria de Ptolomeu que, não obstante superada pela de Copérnico, ainda se conserva em nosso repertório de linguagem ou, para citar Umberto Eco:

[...] hoje sabemos que a hipótese ptolomaica era cientificamente falsa. Ainda assim, se o nosso conhecimento é agora copernicano, nossa percepção é ainda ptolomaica: nós não apenas vemos o sol se levantar no oriente e viajar através do arco do dia, mas nos comportamos como se o sol se movesse e nós permanecêssemos imóveis. E dizemos "o sol se levanta", "o sol está alto no céu", "ele cai", "ele se põe". Mesmo seus professores de astronomia falam ptolomaicamente;

a descoberta da América por Colombo, em que a viagem ao Oriente pelo Ocidente contrariava as convicções dos sábios de Salamanca, para os quais não havia dúvidas sobre a redondeza da terra, mas que haviam feito cálculos mais precisos do que Colombo sobre a extensão do globo e, por isso, acreditavam ser uma loucura do genovês tentar atingir o Oriente pelo Ocidente.

Naturalmente [diz Eco], nem ele nem os sábios homens de Salamanca suspeitavam de que entre a Europa e a Ásia existia um outro continente. [...] Embora estivessem certos, os sábios de Salamanca estavam errados; e Colombo, embora estivesse errado, perseguiu fielmente seu erro e provou estar certo – graças à *serendipity*;

a famosa carta de Preste João, também conhecida como Doação de Constantino, em que se falava da existência de uma terra de utopia cristã situada no Extremo Oriente e que, embora viesse a se revelar falsa posteriormente, foi responsável por numerosas aventuras de expansão e exploração. Foi, como observa Eco, provavelmente um documento de propaganda antibizantina forjado por Frederico I.

Mas [completa o autor], o problema não é tanto sua origem [...] quanto sua recepção. A fantasia geográfica gradualmente gerou um projeto político. Em outras palavras, o fantasma evocado por algum escriba com uma intuição para documentos falsos [...] serviu como um álibi para a expansão do mundo cristão na África e na Ásia, um argumento bem-vindo favorecendo o fardo do homem branco;

finalmente, a última narrativa deste capítulo refere-se a duas invenções que tiveram enormes conseqüências de ordem histórica: a criação da Ordem de Rosa-Cruz e os *Protocolos dos Sábios de Sião*. Caracterizadas ambas por um lastro de segredo que vai desde o sentido de fraternidade, que está na primeira, até as teorias conspiratórias que está na segunda, envolvendo representações ficcionais (e Eco sublinha a importância, para a sua divulgação, das obras de Eugène Sue), ambas também coincidem na escolha de, por assim dizer, bodes expiatórios, seja o jesuíta, no primeiro caso, seja o judeu, no segundo.

Em todos os episódios referidos, fica evidente a importância assumida pela leitura e releitura de textos, às vezes esquecidos, às vezes lidos em contextos não adequados, para que se possa refazer as relações entre verdades e mentiras que constituem a matéria daquela enciclopédia referida inicialmente. Mesmo porque, como diz Umberto Eco fechando o capítulo, "o primeiro dever da pessoa cultivada é estar sempre preparada para reescrever a enciclopédia".

É a esta tarefa de reescritura que se dedicam os demais capítulos do livro.

É o caso, por exemplo, do belíssimo texto sobre as especulações acerca das origens das línguas, "Languages in Paradise", traçando um caminho que está antes e depois da Torre de Babel, que termina tomando Dante e sua *De Vulgare Eloquentia* como centro e, o que é mais importante, levantando a hipótese de uma confluência entre Cristianismo e Judaísmo no pensamento dantesco, sobretudo através da obra do cabalista Abulafia, para quem existiriam inicialmente dois tipos de língua: a Divina, resultante de um acordo entre Deus e Adão, e a natural, decorrente do acordo entre Adão e Eva e seus filhos. Somente esta última teria sido confundida depois de Babel; a primeira passaria apenas de Adão para Set e depois se conservaria como língua secreta até os cabalistas. Teria sido esta aquela vislumbrada pelo poeta nos últimos versos do *Paradiso*.

Deste modo, perceber Dante como vértice na convergência de duas tradições – a judaica e a cristã –, sabendo anotar, com precisão, os mínimos pontos de inter-relação das duas, mas sem esquecer o trabalho concreto do poeta que, sobretudo em sua *De Vulgare Eloquentia*, buscava encontrar a língua com que falaria em sua enorme obra poética, é marca inconfudível da *serendipity* atualizada por Umberto Eco.

REESCREVENDO A ENCICLOPÉDIA 123

Mas, talvez, onde melhor sę revele esta marca seja no terceiro ensaio, "From Marco Polo to Leibniz", que traz um subtítulo esclarecedor: "Stories of Intellectual Misurderstandings". Aqui, tratando do encontro de culturas diferentes, e estabelecendo uma tríade de possibilidades para a ocorrência dos encontros, isto é, conquista, pilhagem cultural e troca, Umberto Eco encontra no que chama de *background books* ("livros de fundo") um artifício para explicar as diversas incompreensões que podem ocorrer nos encontros entre culturas diferentes. Diz ele:

> Nós (no sentido de seres humanos) viajamos e exploramos o mundo carregando conosco alguns *background books*. Estes não necessitam nos acompanhar fisicamente; o caso é que viajamos com noções preconcebidas do mundo, derivadas de nossa tradição cultural. Num sentido muito curioso, viajamos conhecendo de antemão o que estamos à beira de descobrir, porque leituras passadas nos disseram o que deveríamos descobrir. Em outras palavras, a influência destes livros de fundo é tal que, não importa o que os viajantes descobrem ou vêem, interpretarão e explicarão tudo nos termos desses livros.

É o caso divertido de Marco Polo que, assim como todos os seus contemporâneos, havia lido na tradição medieval acerca da existência do unicórnio e quando, em suas viagens, encontrou o rinocerante pensou se tratar daquele animal fantástico, com a diferença substancial de que não apresentava aqueles traços de amabilidade que seriam a característica fundamental do animal descrito pelos viajantes medievais.

Menos divertido e mais trágico é o caso da leitura equivocada que se fez da escrita dos povos pré-colombianos da América e que levou à destruição de toda a riqueza de uma civilização culturalmente muito evoluída.

Mas o ensaio tem mais: tem, por exemplo, a discussão das idéias de Athanasius Kircher, para quem a linguagem adâmica seria a dos egípcios ou mesmo, depois, a dos chineses, ou as relações possíveis entre o *I Ching* e algumas formulações essencias do pensamento de Leibniz.

E ainda ficou por nomear os dois últimos ensaios em que se aborda seja a língua fictícia criada por Gabriel de Foigny como sendo a da imaginária Terra Austral, seja as elucubrações lingüísticas conservadoras de

Joseph de Maistre (não confundir com o outro de Maistre, Xavier, que viajou à roda de seu próprio quarto).

Enfim, uma proliferação interminável de *serendipities* que a imaginação e a erudição de Umberto Eco, encontrando no grande narrador que ele é um parceiro perfeito, transformam também o leitor num ocasional habitante de *Serendip*.

4

Homens e Coisas Estrangeiras*

Muito recentemente foi republicada, por duas diferentes editoras, a Topbooks[1] e a Letras & Letras[2], a *História da Literatura Brasileira*, de José Veríssimo, obra originalmente editada depois da morte do autor em 1916[3].

É pena que, numa dessas edições, a da Letras & Letras, tenha sido pespegada uma menção inteiramente errônea de primeira, quando, na verdade, é a quinta ou sétima, desde que se conte ou não um segundo milheiro de 1916, como segunda edição, e um outro de 1929, como terceira, e que nenhuma das duas trouxesse uma introdução ou notas críticas de esclarecimento (a da Topbooks, que é dita sétima porque contou os dois milheiros seguintes à primeira edição como novas edições, traz, pelo menos, um útil índice onomástico), como trouxe a da UnB, a cargo de Heron de Alencar, de 1963, ou a da José Olympio, com prefácio de Alceu Amoroso

---

* Publicado na *CULT, Revista Brasileira de Literatura*, Ano II, n. 23.
1. Cf. *História da Literatura Brasileira. De Bento Teixeira (1601) a Machado de Assis (1908)*, 7. edição, Rio de Janeiro, Topbooks, 1998.
2. Cf. *História da Literatura Brasileira. De Bento Teixeira (1601) a Machado de Assis (1908)*, 1. edição, Organização, Revisão de Textos e Notas de Luiz Roberto S. S. Malta, São Paulo, Letras & Letras, 1998.
3. Cf. *História da Literatura Brasileira. De Bento Teixeira (1601) a Machado de Assis (1908)*, 1º milheiro, Rio de Janeiro/Paris, Livraria Francisco Alves/Livrarias Aillaud e Bertrand, 1916.

Lima e índice de Wilson Lousada, de 1969. (Esta é uma reedição, melhorada, de outra de 1954, sem o prefácio e o índice.) Acrescente-se que é inteiramente injustificável e irresponsável, não apenas a menção referida à 1ª edição, como ainda a de que a obra foi organizada e anotada, como está na folha de rosto da edição da Letras & Letras, quando quer a organização, quer as notas são do próprio José Veríssimo.

De qualquer modo, dentro das limitações e irresponsabilidades editoriais brasileiras, foi uma boa iniciativa: é sempre importante a republicação de nossos clássicos, sejam poetas, ficcionistas ou críticos e historiadores literários.

Assim como é ainda mais importante a republicação de obras que ficaram em suas primeiras edições, desde que permitem releituras a serem realizadas em circunstâncias culturais diversas daquelas que cercavam o seu momento de primeira publicação.

E José Veríssimo, não obstante ser considerado um dos principais historiadores e críticos literários do século XIX, sem dúvida responsável pela afirmação de grande parte do cânone literário no Brasil, como acontece, por exemplo, com os nossos poetas românticos, é uma grande vítima de nossa incúria editorial.

Com exceção da *História da Literatura Brasileira,* dos *Estudos de Literatura Brasileira,* de *A Educação Nacional* e das *Cenas da Vida Amazônica,* creio que todo o resto de sua vasta obra de crítico, historiador e etnólogo encontra-se em primeiras e raríssimas edições, algumas das quais, com muita paciência, encontradas em antiquários e sebos.

É o caso, por exemplo, de seus dois volumes de *Estudos Brasileiros,* publicados em 1889 e 1894. Mas é, sobretudo, o caso dos três volumes de *Homens e Coisas Estrangeiras,* que recolhiam textos publicados desde 1899, há exatamente cem anos, e que foram editados pela Garnier em 1902, 1905 e 1910.

Obra que, sem dúvida, mereceria a coragem editorial de uma republicação (penso, por exemplo, na mencionada Topbooks ou na Companhia das Letras que vêm meritoriamente republicando textos básicos de nossa tradição) não apenas por curiosidade bibliográfica, mas porque revela um ângulo muito pouco conhecido não somente do crítico, como de todo o

HOMENS E COISAS ESTRANGEIRAS

seu momento cultural, vale dizer, o fim do século XIX e inícios do XX no Brasil. E o que são estes volumes?

O primeiro, de 1902, é a reunião de textos publicados, com uma única exceção, "Um Romance Mexicano", cuja origem não pude localizar, no periódico *Jornal do Commercio*, do Rio de Janeiro, entre fevereiro de 1899 e dezembro de 1900, quer na seção assinada pelo crítico, *Revista Literária*, quer em outras páginas do jornal. São vinte cinco ensaios, desde o que trata de uma biografia sobre o Duque de Palmella, com que abre o livro, até a homenagem que presta a Eça de Queirós, quando de sua morte, passando pela correspondência entre Comte e Stuart Mill, Chateaubriand e Napoleão, Zola, Tolstói, Ruskin, Kropotkin, Victor Hugo, D'Annunzio, entre outros, além daqueles que abordam a literatura e a cultura das Américas, seja os Estados Unidos, o México, o Uruguai ou mesmo problemas mais gerais, como no que se intitula "A Regeneração da América Latina", em que trata, por exemplo, da obra *Ariel*, do uruguaio Rodó, então recém-publicada.

O segundo, de 1905, segue o mesmo formato do anterior, com a diferença da origem dos textos: agora, além do *Jornal do Commercio*, de onde foram extraídos os artigos publicados entre fevereiro e julho de 1901, surge o *Correio da Manhã*, onde começara a escrever em julho de 1901, de onde são recolhidos os ensaios que escreveu entre março e dezembro de 1902. São dezenove ensaios, em que de apenas um, "Um Moderno Trovador Português", não me foi possível marcar a origem, e que faz a resenha de obras que abordam desde o paganismo, a partir de um romance de Dmitri Merechóvski, até Alexandre Dumas, Zola, Anatole France, passando por Galdós, Chateaubriand, Tolstói, Eça de Queirós, o franco-argentino e Diretor da Biblioteca Nacional de Buenos Aires anterior a Borges, Paul Groussac, Maeterlinck, o português Malheiro Dias, Max Nordeau, entre outros.

Finalmente, o terceiro volume, de 1910, reúne vinte um ensaios, em que, com exceção dos dois primeiros, "Miguel de Cervantes e D. Quixote" e "Bocage", que foram publicados originalmente nas revistas *Renascença* e *Kosmos*, respectivamente, todos os demais foram escritos para o *Jornal do Commercio*, tudo entre junho de 1905 e março de 1908. Neste volume, já são mais numerosos os textos em que trata de assuntos hispano-americanos, coisa que vai se acentuar a partir de 1912, quando passa a escrever para um outro periódico, *O Imparcial – Diário Ilustrado do Rio de Janeiro*. Neste volume, são recolhidos os ensaios "Letras Hispano-americanas", "Letras Argentinas", "O Perigo Americano e Letras Venezuelanas", todos por mim reeditados no volume do autor intitulado *Cultura, Literatura e Política na América Latina*[4]. Mas o volume tem muito mais: tem, por exemplo, o ensaio sobre Cervantes, com que abre o volume, dois sobre Nietzsche, um em que trata das reflexões de Tolstói sobre Shakespeare, um outro sobre Taine e a Revolução Francesa, uma importante resenha sobre a publicação das *Obras Completas do Padre Antonio Vieira* etc. etc.

Como se vê, de toda esta cansativa enumeração dos três volumes de *Homens e Coisas Estrangeiras*, é de enorme variedade os temas e autores abordados pelo crítico e demonstração inequívoca de uma grande curiosidade intelectual, a que se aliava o rigor da leitura e o conhecimento variado de, pelo menos, quatro línguas, além do português: o inglês, o francês, o espanhol e o italiano (desta última, diga-se entre parêntese, pela leitura que é possível fazer do catálogo da editora Garnier no fim do volume de 1902, José Veríssimo traduziu, ou iria traduzir, *I Promessi Sposi*, famoso romance de Manzoni).

Curiosidade, rigor e conhecimento que, aplicados a *Homens e Coisas Estrangeiras*, acrescentam um traço de cosmopolitismo a um crítico que pareceria para sempre marcado pela parcialidade de um gosto e apego apenas a coisas brasileiras, ou mesmo provincianas.

De tal maneira que é possível dizer que a persistência com que se dedicou ao estudo dos assuntos brasileiros – de que resultaram os já mencionados *Estudos Brasileiros*, os *Estudos de Literatura Brasileira* ou a obra de síntese que foi a *História* –, esteve sempre articulada quer a problemas de ordem teórica, quer a problemas mais gerais representados pelas literaturas estrangeiras. E um bom exemplo dessa articulação, dir-se-ia mesmo explícita, está no volume que publicou entre a segunda e a terceira

---

4. Cf. São Paulo, Editora Brasiliense, 1986.

séries de *Homens e Coisas Estrangeiras*, intitulado *Que é Literatura? E Outros Escritos*, de 1907[5], em que o seu índice já diz daquela articulação: *Variedades Literárias, Letras Brasileiras, Homens e Coisas Estrangeiras* e *Homens e Coisas Brasileiras*. E se os três últimos títulos são auto-explicativos, o primeiro dá conta de assuntos mais teóricos e de definição metodológica (é claro que sempre a partir da leitura de uma obra ou de um autor específicos), tais como a reflexão sobre a própria natureza da literatura, o futuro da poesia, a expressão pela literatura ou a crítica literária.

Deste modo, aquilo que se revela pela leitura de tais volumes é de grande importância para uma apreciação mais abrangente do crítico e de seu momento cultural: por um lado, o modo pelo qual foi capaz de enfrentar os grandes temas que eram abordados por aqueles autores e obras que eram a matéria de sua leitura e, por outro, a própria vigência de tais autores e obras no tempo brasileiro em que lhe foi dado viver.

Quanto ao primeiro aspecto, o modo pelo qual José Veríssimo discutia as idéias e as obras daqueles autores que submetia à leitura, é de enfatizar que, em nenhum momento, se desfaz daquilo que, por aquela altura, já se tinha consolidado como uma característica central de sua maneira de ser intelectual: uma afirmação desabusada de opiniões a que se aliava um certo pendor para o ceticismo, sobretudo com relação àquilo que se tinha assentado como quase um dogma geracional, ou seja, a crença no progresso evolutivo do homem e da sociedade. De tal maneira que, pela leitura dos textos recolhidos nos três volumes de *Homens e Coisas Estrangeiras*, é possível dizer que ali existe material suficiente para impor uma caraterização do crítico quer como um anarquista em termos políticos e sociais, quer como anticlerical em assuntos religiosos, quer um tradicionalista em literatura. E se as duas primeiras características dão, por assim dizer, o sal de suas discussões sobre autores e obras, a última revela, sem dúvida, todo o dilema de uma crítica e uma história literárias que se debatiam entre o paradigma de representação realista-naturalista e a inevitabilidade de superá-lo pela existência de obras e autores que, fazendo con-

---

5. Cf. *Que é Literatura? E Outros Escritos*, Rio de Janeiro/Paris, H. Garnier, Livreiro-Editor, 1907.

130   MISTÉRIOS DO DICIONÁRIO

vergir as duas primeiras, apontavam para os novos tempos simbolistas e pós-simbolistas de fins do século XIX e inícios do XX.

Criava-se, para dizer de modo mais direto, uma espécie de fosso entre a abertura ventilada com que podia perceber o próprio movimento das idéias e suas articulações políticas e sociais e as limitações de uma linguagem crítica que, por outro lado, terminava por ver a literatura como sinônimo de resistência àquela mesma abertura e ventilação. Um descompasso que, em alguns casos, raros casos, era compensado por aquele cepticismo pessimista de algumas análises e interpretações, mais estas do que aquelas, e que permitia ao crítico e ao historiador literário não embarcar na canoa fácil do discurso eufórico.

Por outro lado, o conjunto dos ensaios de *Homens e Coisas Estrangeiras*, sobretudo tendo origem em periódicos de grande circulação, apontava, sem dúvida, para o tipo de leitura e de informação que era compartilhada pela elite intelectual da época, constituindo o fundo principal de cultura, e não apenas literária, daquele meio.

Um meio para o qual a leitura de obras e autores que tratavam da antiguidade romana, por exemplo, privilegiando os temas do paganismo (e Veríssimo aborda, com erudição surpreendente, a obra de Petrônio e a própria biografia do autor), tinha o mesmo interesse generalizado que se concedia a um estudo comparativo entre Chateaubriand e Napoleão, ao perigo representado pela Doutrina Monroe para os povos latino-americanos ou as idéias estético-sociais de um Ruskin e as teorias de Kropotkin. É possível dizer que se tratava de uma mistura intragável, mas é também razoável pensar que o próprio público e seus intérpretes fossem operando, com o tempo, as catalisações necessárias e adequadas. E, no mais, que época, vista com a distância de um século, não registra misturas semelhantes? Que a obra de José Veríssimo tenha contribuído para as possíveis catalisações é um sinal de sua permanência e da necessidade de que seja relida.

5

Algumas Magias Parciais de *Dom Casmurro**

Começo por uma retificação: respondendo a um inquérito jornalístico acerca de quais os principais romances universais publicados no século XX, fiz questão de que constasse, entre os dez primeiros, algum de Machado de Assis. Como entendia que o *Dom Casmurro* havia sido publicado em 1899, embora só houvesse chegado ao Brasil, vindo da impressora francesa, em 1900, não havia alternativa senão escolher entre o *Esaú e Jacó*, de 1904, e o *Memorial de Aires*, de 1908, os únicos publicados pelo autor no século XX.

Constou, então, em minha lista, o livro de 1904, embora os organizadores do inquérito tivessem aberto, sem que eu tivesse conhecimento, a possibilidade de considerar o *Dom Casmurro* como do século XX, como se pôde verificar posteriormente pelo seu comparecimento em outras escolhas.

Estavam certos os organizadores: a leitura do romance machadiano ocorreu a partir de 1900 e somente fiquei lamentando que, por um erro de comunicação, o *Dom Casmurro* não tivesse constado de minha seleção. O leitor, portanto, deve ler o que segue como uma espécie de nota de rodapé reivindicatória àquela minha lista jornalística.

---

* Publicado, com o título de "Magias Parciais de Dom Casmurro", na CULT, *Revista Brasileira de Literatura*, Ano II, n. 24.

MISTÉRIOS DO DICIONÁRIO

Isto porque, e vou ser ainda mais explícito, creio que, se do ponto de vista mais geral da obra de Machado de Assis pode-se afirmar que *Memórias Póstumas de Brás Cubas* é a mais importante por tudo o que significou de renovação da técnica narrativa não apenas do autor mas da ficção brasileira, não há dúvida de que *Dom Casmurro*, a obra publicada quase vinte anos depois, seguindo a publicação de *Quincas Borba*, em 1891, é aquela que, de modo mais transparente, recolhe, por assim dizer, toda a aprendizagem dos dois livros anteriores, consolidando um estilo narrativo que será confirmado pelos dois livros seguintes de 1904 e 1908. E se entre os dois romances do século XIX há, por certo, uma relação básica de continuidade, e não apenas no que diz respeito à intriga, quando o de 1891 é ampliação da doutrina do *humanitismo* somente esboçada no de 1881, e se nos dois do século XX a continuidade se dá, sobretudo, na utilização do diário e da memória como instrumento de criação romanesca, o *Dom Casmurro*, ao mesmo tempo que refina algumas conquistas estilísticas dos dois anteriores, como as que se referem à posição do narrador digressivo, assumindo a memória como matéria privilegiada da ficção, abre, por outro lado, o ângulo em que o roteiro memorialístico se faz dependente daquelas mesmas conquistas de estilo, como é patente nos dois livros posteriores.

Desta maneira, entre os dois grupos de romances, o *Dom Casmurro* surge como momento único de recolhimento: das experiências com a técnica narrativa e, simultaneamente, da ficcionalização de tudo aquilo que, por falta de melhor nome, chama-se de realidade. Mas recolhimento também em outro sentido: o de recato com que se dá a interação entre a experiência conquistada e as significações, de tal modo que o leitor, ativado por aquela operação de *leitura pelo enredo* (*reading for the plot*), segundo a feliz expressão utilizada por Peter Brooks[1], como ocorre aliás com todas as obras bem realizadas, somente pela releitura é capaz de perceber as teias de toda a rede de invenções, por assim dizer, poéticas do romancista. E a ausência desta segunda operação de leitura, no caso de *Dom Casmur-*

---

1. Cf. Peter Brooks, *Reading for the Plot. Design and Intention in Narrative*, Oxford, Clarendon Press, 1984.

ALGUMAS MAGIAS PARCIAIS DE *DOM CASMURRO*

ro, explica, de certo modo, a insistência monótona de discussões sobre a intriga do livro, desprezando-se, na maioria das vezes, o seu modo de constituição propriamente ficcional. E somente por ela, por esta segunda operação de leitura, creio ser possível perceber de que modo as armadilhas montadas pelo narrador são eficientes no sentido de criar o ambiente propício para que aquela insistência acerca da intriga na verdade ocorra.

A localização de algumas dessas armadilhas é, para mim, a revelação daquilo que, plagiando o título do ensaio de Borges sobre o *Quixote*, quero chamar de magias parciais de *Dom Casmurro*, em primeiro lugar para fugir a um ideal de interpretação completa que está muito longe do que pretendo alcançar e, em segundo lugar, porque aquilo que funciona como matriz conceitual do ensaio borgiano, isto é, a idéia de que há, no livro de Cervantes, uma confusão prazerosa entre "o objetivo e o subjetivo, o mundo do leitor e o mundo do livro"[2], de tal maneira que é possível deixar passar um sentido de sobrenaturalidade ou de maravilhoso num arcabouço realista, pode também servir para extrair magias por entre os rigores do realismo psicológico de *Dom Casmurro*, desde que se entenda o sentido com o qual Borges trabalha os conceitos de sobrenatural e de maravilhoso, em que são confundidos com a própria estratégia cervantina de concretização da matéria ficcional que envolve quer a experiência do leitor, quer a dimensão imaginária haurida na própria leitura literária.

Entre uma e outra, está o resultado daquele trabalho mais sutil e mais eficaz que, segundo Borges, constitui as *"magias parciales del Quijote"*, e que não é senão a própria construção da obra: fios de um resistente tecido poético.

Neste sentido, o que pretendo não é mais do que pinçar alguns desses fios na obra de Machado de Assis, buscando evidenciar um modo de construção da narrativa que, como se sabe, joga, por um lado, com a capacidade do narrador em "atar as duas pontas da vida, e restaurar na velhice a adolescência", como está dito no segundo capítulo, e, por outro, com a paciência e a perspicácia do leitor em ir decifrando as particularizações

---

2. Cf. "Magias Parciales del Quijote", em *Otras Inquisiciones*, Buenos Aires, Emecé Editores, 1960, p. 66.

134 MISTÉRIOS DO DICIONÁRIO

registradas entre aquelas "duas pontas", isto é, a própria existência do narrador tal como interpretada por ele.

Quanto à primeira, é o próprio narrador que reconhece a sua frustração quando, naquele segundo capítulo, e dando seqüência ao objetivo mencionado, afirma:

> Pois, senhor, não consegui recompor o que foi nem o que fui. Em tudo, se o rosto é igual, a fisionomia é diferente. Se só me faltassem os outros, vá; um homem consola-se mais ou menos das pessoas que perde; mas falto eu mesmo, e esta lacuna é tudo[3].

Mas se esta frustração, variação daquilo que acontece com o alferes do conto "O Espelho", decorre dos arranjos exteriores que fizera para trazer ao presente a memória do passado, reproduzindo "no Engenho Novo a casa em que me criei na antiga rua de Matacavalos", ela mesma impele o narrador para as anotações de suas experiências, buscando, pela escrita presente, a compreensão do acontecimento passado. Ou nem isso, pois a narração é vista, desde o início, como portadora possível de ilusões e a citação final do *Fausto* goethiano ainda mais acentua as incertezas do narrador, convocando presenças etéreas: "Aí vindes outra vez, inquietas sombras..."

Quanto à segunda trilha do jogo narrativo, aquela que se refere à participação do leitor na decifração das particularidades, é toda ela marcada pela desconfiança com que o leitor vai se enredando ou se desvencilhando das próprias interpretações oferecidas pelo narrador, de tal maneira que se a leitura obedece à diacronia narrativa (infância, adolescência, seminário, estudos e casamento), como é normal que aconteça na primeira leitura da obra, o enredamento é completo e não sobra senão o esforço de desvencilhar-se pelo questionamento das interpretações do narrador. Entretanto, é pela releitura que se pode detectar momentos em que aquela diacronia é questionada, seja pela interferência do narrador no plano da enunciação, seja pela perspicácia possível do leitor em ler por entre os intervalos do enunciado narrativo.

---

3. Machado de Assis, *Dom Casmurro*, Prefácio, Edição do Texto e Notas de Ivan Teixeira, São Paulo, Martins Fontes, 1988, p. 6. Todas as citações posteriores da obra seguirão esta edição.

Exemplo notável da primeira é todo o capítulo LXXII, "Uma Reforma Dramática", em que, depois de identificar, para Capitu, o amigo que o visitava como sendo Escobar, através de uma frase curta e seca que contrastava com o calor da indagação da personagem feminina, diz o narrador:

> Nem eu, nem tu, nem ela, nem qualquer outra pessoa desta história poderia responder mais, tão certo é que o destino, como todos os dramaturgos, não anuncia as peripécias nem o desfecho. Eles chegam a seu tempo, até que o pano cai, apagam-se as luzes, e os espectadores vão dormir. Nesse gênero há porventura alguma coisa que reformar, e eu proporia, como ensaio, que as peças começassem pelo fim. Otelo mataria a si e a Desdêmona no primeiro ato, os três seguintes seriam dados à ação lenta e decrescente do ciúme, e o último ficaria só com as cenas iniciais da ameaça dos turcos, as explicações de Otelo e Desdêmona, e o bom conselho do fino Iago: "Mete dinheiro na bolsa". Desta maneira, o espectador, por um lado, acharia no teatro a charada habitual que os periódicos lhe dão, porque os últimos atos explicariam o desfecho do primeiro, espécie de conceito, e, por outro lado, ia para cama com uma boa impressão de ternura e de amor:
>
> Ela amou o que me afligira,
> Eu amei a piedade dela[4].

Marcando o início de participação mais efetiva da *sombra* de Escobar na narração das memórias de Dom Casmurro e também, *et pour cause*, do tema do ciúme na obra, conforme melhor se esclarece no capítulo seguinte, este capítulo é pura magia poética na medida em que realiza a sutura, por assim dizer, icônica entre o enunciado (ciúme e morte que é prefigurado no drama shakespeariano) e a enunciação em que se discute, ou se questiona, a ordem de seus termos. Mais ainda: a "reforma dramática", sugerida pelo narrador, funciona também como alusão, que compete ao leitor desvendar, ao próprio movimento não-linear da narrativa que mimetiza o que há de errante no narrador.

Um exemplo menos explícito, mas não menos eficaz, do modo pelo qual o narrador vai semeando elementos capazes de apontar para a problematização da diacronia narrativa está no capítulo LXV, "A Dissimulação", em que trata da alternância de sua vida entre a casa de Mata-

---

4. *Idem*, p. 187.

cavalos e o seminário e seus encontros ocasionais com Capitu. Ali, fazendo o elogio da lucidez com que ela procurava controlar as expansões a que era inclinado Bentinho, enumera uma série de acontecimentos em que a moça é posta à prova, chegando, então, àquele que lhe parece o melhor exemplo, afirmando:

> Mas o exemplo completa-se com o que ouvi no dia seguinte, ao almoço; minha mãe, dizendo tio Cosme que ainda queria ver com que mão havia eu de abençoar o povo à missa, contou que, dias antes, estando a falar de moças que se casam cedo, Capitu lhe dissera: "Pois a mim quem me há de casar há de ser o padre Bentinho; eu espero que ele se ordene!" Tio Cosme riu da graça, José Dias não dessorriu, só prima Justina é que franziu a testa, e olhou para mim interrogativamente. Eu, que havia olhado para todos, não pude resistir ao gesto da prima, e tratei de comer. Mas comi mal; estava tão contente com aquela grande dissimulação de Capitu que não vi mais nada, e, logo que almocei, corri a referir-lhe a conversa e a louvar-lhe a astúcia. Capitu sorriu de agradecida.
>
> – Você tem razão, Capitu, concluí eu; vamos enganar a toda essa gente.
>
> – Não é? disse ela com ingenuidade[5].

Ao mesmo tempo que se expande a caracterização de Capitu que vem desde, pelo menos, o capítulo XVIII, "Um Plano", quando classifica as idéias da amiga de quatorze anos como atrevidas ("mas eram só atrevidas em si, na prática faziam-se hábeis, sinuosas, surdas, e alcançavam o fim proposto, não de salto, mas aos saltinhos"[6]), e que encontra a sua formulação lapidar na frase com que José Dias lhe define os olhos ("São assim de cigana oblíqua e dissimulada"[7]), o diálogo final do trecho do capítulo "A Dissimulação" não apenas recupera esses momentos anteriores da narrativa, mas cria uma dependência, que não hesito em chamar de mágica, entre o discurso interpretativo do narrador, buscando acentuar o traço dissimulador de Capitu, e seu próprio envolvimento, na medida em que a sua frase de euforia ("vamos enganar toda essa gente") sofre o rebatimento da concordância de Capitu ("Não é?"), caracterizada pelo narrador como

5. *Idem*, p. 171.
6. *Idem*, p. 50.
7. *Idem*, p. 65.

ingênua mas que, na verdade, completado o círculo da releitura, pode ser apreendida pelo leitor como voltada contra o próprio narrador. Por isso usei rebatimento: também prenúncio, pressentimento, desconfiança. Mas que só se extrai pela ativação da leitura, ou melhor, da releitura daquilo que, numa leitura diacrônica, foi ficando nos intervalos narrativos.

Deste modo, o conhecimento, por assim dizer, psicológico, revela-se dependente das operações da linguagem narrativa e não se efetiva por fora mas por dentro dessas operações.

Eis, portanto, dois casos de magias parciais de *Dom Casmurro* que, sem dúvida poderiam ser multiplicadas até à figura completa da obra, respondendo, a meu ver, por sua perenidade.

6

O Sentido da Leitura*

A LEITURA DESTE novo livro de Victor Brombert, *In Praise of Antiheroes. Figures and Themes in Modern European Literature –1830-1980*** (Chicago and London, The University of Chicago Press, 1999), foi, para mim, uma espécie de renovação na confiança de que ainda faz sentido ler e reler obras literárias e nelas encontrar matéria para a reflexão. E, mais do que isso, fazer do texto resultante da leitura e releitura possíveis um instrumento de iluminação para o leitor interessado, sem que este tenha de passar pelos desvios tortuosos e, muitas vezes, massacrantes, das "grandes teorias".

Um texto crítico que, por sua limpidez de concepção e por seu arejamento estilístico, parece ser congenial ao sentido que se procurou extrair das mesmas obras lidas e relidas.

Entre o texto que se leu e aquele, o crítico, pelo qual se dá conta daquela leitura, estabeleceu-se uma tal *naturalidade* que o leitor do último, ainda que não tenha lido o primeiro, não apenas sente-se impelido e mesmo desejoso de fazê-lo, como, vindo a ler ou reler, sabe que o texto crítico agora lido o acompanhará para sempre como introdução ou posfácio à leitura possível.

---

* Publicado na *CULT, Revista Brasileira de Literatura*, Ano II, n. 27.
** *Em Louvor de Anti-Heróis. Figuras e Temas da Moderna Literatura Européia*, trad. José Laurênio de Melo, São Paulo, Ateliê Editorial, 2002, coleção Crítica Hoje 2.

MISTÉRIOS DO DICIONÁRIO

Falei antes em sentido que se procurou extrair das obras lidas e relidas e isto pode parecer uma imposição de leitura; façamos, portanto, uma retificação: não se trata de encontrar *um sentido* para os textos, mesmo porque Victor Brombert sabe que os sentidos sempre serão muitos, mas de *dar um sentido* à leitura ou releitura das obras. Estabelecer, por assim dizer, uma relação de necessidade entre a obra que se lê e o texto crítico daí resultante. E este sentido é dado, sobretudo, pela escolha de um ângulo crítico de articulação, mais do que por um método previamente estabelecido, e que tem por fundamento a leitura cerrada das próprias obras de criação escolhidas.

No caso presente, este ângulo de articulação crítica é o da existência de uma, por assim dizer, tradição da literatura moderna constituída por personagens anti-heróicas que convivem com os tipos heróicos da tradição clássica.

Sendo assim, este livro de Victor Brombert, que há dez anos atrás publicou um importante estudo sobre cinco dos maiores escritores da Literatura Francesa do século XIX, intitulado *The Hidden Reader: Stendhal, Balzac, Hugo, Baudelaire, and Flaubert*, examina, em ordem cronológica, nove autores que correspondem aos anos que vão dos 30 do século XIX aos 80 do XX: Georg Büchner, cujo drama inacabado *Woyzeck* é de 1836, Gógol e a novela *O Capote*, Dostoiévski e as *Memórias do Subsolo*, Flaubert e um de seus *Trois Contes, Um Coração Simples*, Italo Svevo, sobretudo, mas não só, o da *Consciência de Zeno*, Jaroslav Hasek e *O Bom Soldado Schweik*, Max Frisch, seus romances *Homo Faber* ou *Não Sou Stiller* e seus diários, Albert Camus e *A Queda*, e Primo Levi, a partir da obra *La Ricerca delle Radici*, que é de 1981. (Diga-se, entre parêntese, que o livro traz ainda um apêndice, "Svevo's Witness", em que, baseado em escritos íntimos, seja do próprio Italo Svevo, seja de seu irmão Elio Schmitz, seja da viúva do escritor, Brombert examina a questão judaica quer na obra, quer na existência de Svevo.)

Em cada um dos autores escolhidos para leitura, Victor Brombert busca não apenas caracterizar a espécie de anti-heroísmo que informa a construção de personagens e motivos, como, sobretudo, de que modo a própria estrutura narrativa incorpora uma certa maneira de ver a realidade que pode ser definida como anti-heróica. E que, portanto, de um modo geral, implica também a utilização de uma anti-retórica com relação àquela usada para a figuração do herói clássico.

É o caso exemplar, sem dúvida, do primeiro autor lido, desde que Georg Büchner, criando a sua obra nas primeiras décadas do século XIX, subverte a imagem do herói trágico, sobretudo em *Woyzeck*, em que, para repetir uma frase de George Steiner, transcrita por Brombert, "repudia uma pressuposição implícita no drama grego, elisabetano e neoclássico: o de que o sofrimento trágico é o privilégio sombrio daqueles que ocupam altos postos".

Embora este mecanismo melhor se revele na incompleta tragédia, Brombert sabe mostrar como alguns postulados que estão em outras obras do autor, como *A Morte de Danton* e *Lenz*, apontam para o viés anti-retórico essencial:

> A posição anti-heróica de Büchner é, na verdade, relacionada a um viés anti-histórico e a uma crescente desconfiança para com a retórica. Sua sombria visão da história e especificamente de banhos de sangue ideológicos é logicamente vinculada à perniciosidade da linguagem inflada.

Deste modo, a localização privilegiada de Büchner na corrente da tradição anti-heróica da literatura moderna, privilegiada porque antecipa e porque problematiza o próprio drama trágico posterior, não resulta apenas de uma leitura de temas e motivos, mas das articulações destes com aspectos fundamentais da estrutura narrativa, dentre os quais avulta a própria retórica da tragédia enquanto informada por contextos ideológicos.

Creio, no entanto, que é nos dois capítulos seguintes, aqueles em que lê Gógol e Dostoiévski, que Victor Brombert revela toda a sua acuidade não apenas de leitor paciente que sabe se valer de uma ampla experiência com textos literários lidos e relidos, mas de um crítico que possui um ângulo de articulação muito bem delineado através do qual são fisgados aspectos essenciais das obras lidas com os quais aquele ângulo encontra a sua justificativa, criando-se aquela relação de necessidade entre a obra literária e o texto crítico a que já me referi anteriormente.

MISTÉRIOS DO DICIONÁRIO

Não são leituras exaustivas, como, aliás, não é qualquer uma das que compõem o volume. Não se trata de ler os textos de Gógol ou Dostoiévski explicitando toda a extensa e complexa bibliografia que existe a respeito dos autores. Os dois capítulos juntos sequer ultrapassam vinte páginas (mais precisamente: da página 24 à página 42). Mas a síntese de informação parece corresponder perfeitamente ao que há de síntese estilística, de tal maneira que aquilo que Brombert pinça dos textos é apenas o essencial para que o argumento se complete através de frases precisas e enxutas.

Deste modo, o capítulo sobre Gógol, que traz o subtítulo de "Os Significados de uma Queda", em que trata daquela que é, talvez, a mais famosa das seis "narrativas de São Petersburgo", "O Capote", inicia-se pela localização do texto de Gógol entre as obras representativas de um certo "modo a-heróico". Diz ele:

> Akáki Akákievich é a personagem central do conto de Gógol, "O Capote". Embora Dostoiévski tenha dado livre curso ao termo "anti-herói" nas *Memórias do Subsolo*, é Akáki Akákievich de Gógol que é o genuíno, completo e aparentemente irresgatável anti-herói. Porque o paradoxista anti-herói de Dostoiévski, afligido com a hipertrofia da consciência, é lido, cerebral, incuravelmente livresco e falador. Akáki Akákievich é quase inconsciente e inarticulado. O desafio artístico de Gógol foi tentar articular esta inarticulação.

Não obstante a simplicidade da intriga, o texto de Gógol deu origem a uma incrível multiplicidade de interpretações (Brombert chega a falar de "orgias de interpretações"), indo desde a leitura "como uma parábola, uma história patética, um jogo interpretativo, até [...], mais seriamente, como uma sátira com mensagem social e moral".

Descartando esta última, desde que, como diz, "Gogol constantemente muda seu tom, não defende uma norma aparente e sistematicamente ironiza qualquer mensagem 'séria' ", Brombert examina a possibilidade de ler o texto gogoliano em, pelo menos, duas chaves diferentes: em primeiro lugar, a partir de variações em torno do próprio nome da personagem, em que sobressai a repetição e mesmo o valor da sílaba *kak* em russo (*como*), capaz de aludir quer a tarefa repetitiva da cópia executada pelo funcionário, quer a sua própria existência sem variações, Brombert propõe, como umas das possibilidades interpretativas, uma paródia da hagiografia (e ele lembra a existência de um santo de nome Acacius, origem do nome da personagem, que teria sido monge no Sinai) e, em segundo lugar, a própria atividade de Akáki como copista leva Brombert a pensar na importância assumida pela relações escritor-leitor na estruturação da obra.

É notável, portanto, o modo pelo qual Brombert consegue ampliar a sua leitura: da percepção da intriga e do anti-herói como protagonista para a intuição de relações substanciais da narrativa moderna, cujo traçado, eu acrescentaria, cobre desde o Poe, do *Homem na Multidão*, até o *Bartleby the Scrivener*, de Melville, ou mesmo o *Livro do Desassossego*, de Fernando Pessoa, sem esquecer, é claro, a obra fundamental e fundante de Dostoiévski que é lida em seguida pelo ensaísta: *Memórias do Subsolo*, em que a construção do anti-herói paradoxista, doente, mau e desagradável, como está na primeira linha da novela, ainda mais faz ressaltar a existência do próprio artista como "herói real" daquela "*gesta* subversiva", a que se refere Brombert.

Com o subtítulo de "Retrato do Paradoxista", o texto de Brombert é atravessado por reverberações iluminadoras, a começar pela observação de que "o discurso do homem do subsolo não é realmente um monólogo, nem mesmo um diálogo, mas um polílogo através do qual ele se divide e então se multiplica a si mesmo. Ou de que o protagonista não está num subsolo; o subsolo está nele". Por isso, é neste texto de Dostoiévski, dado ao fato de que é a consciência o lugar da ação narrativa, realizando-se o acoplamento entre anti-herói e paradoxista, que melhor se revela aquela subversão de valores controlada pela experiência artística. Ou, nas palavras de Brombert:

> A noção de anti-heroísmo implica a subversão ou ausência/presença do modelo questionado, enquanto que paradoxo sugere um significado mais profundo escondido atrás de uma incongruência lógica ou negação provocativa. Ambas as noções informam um golpe irônico cujo objetivo é levar a mensagem do subsolo a seu extremo radical.

É esta qualidade da ironia, que mal disfarça a compaixão pela humilde protagonista anti-heróica, que Brombert, por outro lado, lê no conto de

Flaubert: a sua quase inarticulação, que a aproxima da personagem de Gógol, recebe, entretanto um tratamento divergente. E este é de que a própria arte narrativa é afirmada, em Flaubert, como única possibilidade de heroísmo por entre as misérias da história e da sociedade, desde que a crença seja atravessada por um movimento de subversão irônica. Daí o subtítulo deste capítulo: "Paixão e Ironia".

Da mesma forma, no capítulo seguinte, aquele em que lê Italo Svevo, Brombert recupera, através de uma paciente contextualização, alguns motivos centrais de sua leitura sobre Dostoiévski: Zeno, protagonista da obra mais famosa do autor, *A Consciência de Zeno*, na verdade a última de uma trilogia que contém ainda *Uma Vida* (que, inicialmente, se chamava apropriadamente *Um Inepto*) e *Senilidade*, é não só um anti-herói quase patológico em relação ao meio em que vive, mas a sua própria existência é constituída pela proliferação incessante de paradoxos. A prova viva de que, para usar a expressão de Brombert para o anti-herói dostoievskiano, o subsolo está nele para onde quer que ele se vire.

Não só de paradoxos, entretanto, vive o anti-herói da tradição moderna, segundo Brombert: a esperteza ingênua da personagem de Jaroslav Hasek, em *O Idiota Schweik*, ou "a coragem do fracasso" que está nos romances e diários de Max Frisch, são traduções diversificadas daquela mesma tradição em chaves culturais específicas que solicitam discursos que, por serem mais alegóricos, são, por isso mesmo, menos dependentes de provocações negativas.

No texto sobre Dostoiévski, Brombert, em determinado momento, faz um referência a Albert Camus, ao dizer que "*Memórias do Subsolo* é uma obra na qual o penitente é também o juiz, e o denunciador envolve a paródia do que está sendo denunciado". E acrescenta: "Camus, ao escrever *La Chute*, vai se lembrar desta lição". De fato, todas as personagens de Camus, e não só o magistral juiz penitente do romance citado, apontam para a duplicidade que parece insinuar-se numa integridade ética, cujo traço de heroísmo é sempre corroído pela consciência de uma dilaceração. "Nem santo nem herói", para usar os termos do subtítulo de Brombert: uma imagem de homem que parece se debater na zona sombria da consciência existencial, sobretudo aquela marcada por uma espécie de

O SENTIDO DA LEITURA

agudo sentido para os privilégios e obrigações do artista no mundo contemporâneo. É, mais uma vez, na tradição flaubertiana, o escritor como voz de um anti-heroísmo que responde à provocação das misérias e belezas do mundo.

Mas o livro não termina sem antes oferecer ao leitor uma verdadeira *tour de force*: uma leitura de Primo Levi que parte de uma observação que parece casual. Trata-se de ver na escolha que faz Levi de Homero, mas do Homero da *Odisséia*, no livro *La Ricerca delle Radici*, em detrimento do poeta da *Ilíada,* em função do sentimento de retorno que é fonte de inspiração daquela, um retorno do mundo de violência e monstros para um outro que será reconstruído em paz e justiça.

Brombert lê na escolha os sinais de uma aventura muito pessoal do ex-prisioneiro de campo de concentração nazista, vítima do holocausto, que fez de sua vida posterior um encontro com a literatura e suas possibilidades redentoras.

Mas, como se sabe, este retorno, para Primo Levi, terminou na tragédia do suicídio num mundo que não realizou, ao menos para ele, aquela ilusão de paz e justiça. A personagem anti-heróica de Primo Levi termina por ser ele próprio. Dando ouvidos ao "canto de Ulisses" (subtítulo do capítulo), parece ter levado a um radicalismo extremo a sensibilidade anti-heróica do mundo moderno.

O anti-heroísmo da literatura moderna, tal como é lido neste livro precioso de Victor Brombert, pode ser uma metáfora para a espessura melancólica daquele mundo e sua mais vigorosa expressão pela literatura.

7

Os Perfis de José de Alencar*

A ORGANIZAÇÃO DESTE LIVRO (*Alencar e a França: Perfis,* São Paulo, Anablume, 1999) de Maria Cecília Queiroz de Moraes Pinto é admirável e, sem dúvida, concorre para a eficácia com que os seus argumentos vão sendo dados ao leitor. A começar pelo fato de que, se o seu título é restritivo, marcando a dependência de um escritor brasileiro com relação a uma literatura estrangeira – *Alencar e a França* –, ainda mais se acentuando na escolha de parte de sua obra (os perfis femininos que estão em *Lucíola, Diva* e *Senhora*), o desenvolvimento que a autora soube dar ao ensaio ultrapassa tais restrições, oferecendo ao leitor ampla matéria para a reflexão crítica.

E isto, a meu ver, decorre, sobretudo, do modo pelo qual a ensaísta consegue manter a tensão entre a leitura histórica, sobre a qual se alicerça o estudo de comparação entre José de Alencar e suas leituras de autores franceses, e a paciente e detalhada análise de cada uma das obras do autor, estabelecendo, desta maneira, uma forte dependência entre história literária e formalização, sem cair na armadilha do estudo de fontes de corte tradicional.

É claro que para atingir tais objetivos três requisitos foram básicos: um conhecimento muito íntimo da literatura francesa, sobretudo da nar-

---

* Publicado na *CULT, Revista Brasileira de Literatura,* Ano III, n. 26.

rativa romântica, um convívio amiudado e longo com a obra do escritor brasileiro e, por último e fundamental, uma sólida formação em teoria literária e técnicas de análise e interpretação dos textos.

O primeiro permite que a autora possa reconhecer na prosa de Alencar aqueles traços de leitura que permaneceram na elaboração narrativa de suas três ficções escolhidas para exame; o segundo faz com que a leitura destas ficções alencarianas esteja, a todo momento, articulada a propósitos mais largos de toda a sua obra e, finalmente, o terceiro possibilita, por assim dizer, um sentido de leitura que não seja apenas uma leitura de sentidos, na medida em que estes são apanhados em suas articulações estruturais, cuja nomeação se enriquece pelo conhecimento de algumas teorias narrativas, como as da intertextualidade, adequadas a seu desvendamento.

Da convergência de tais requisitos resulta um texto crítico de grande legibilidade, cuja contribuição para o estudo de José de Alencar e da ficção romântica no Brasil precisa, desde logo, ser enfatizada.

Na verdade, a leitura crítica de José de Alencar tem sempre insistido quer em sua proeminência na criação do romance brasileiro, não obstante o reconhecimento da existência de alguns precursores, seja um Teixeira e Souza, seja um Macedo, quer na dependência de sua ficção para com as literaturas estrangeiras, seja a de língua inglesa (sobretudo para os romances indianistas e históricos), seja a de língua francesa (sobretudo para os romances urbanos). E a própria divisão da obra de Alencar em romances indianistas, históricos, regionalistas e urbanos, somente em alguns casos excepcionais evitada por uma crítica mais recente (como se dá, por exemplo, com o texto de Antonio Candido, "Os Três Alencares", capítulo da *Formação da Literatura Brasileira* ou o de Haroldo de Campos, "Iracema: Uma Arqueografia de Vanguarda", em *Metalinguagem & Outras Metas*), é outra marca da tradição crítica existente sobre ela.

Sem discutir o valor didático de tais divisões, para as quais concorreu, sem dúvida, o próprio José de Alencar em algumas de suas reflexões críticas sobre a própria obra, seja nas polêmicas com Gonçalves de Magalhães ou Joaquim Nabuco, seja em prefácios ou posfácios escritos para suas criações, como na admirável nota prefacial que escreveu para *So-*

nhos d'Ouro, em muito boa hora destacada por Maria Cecília, seja mesmo nas crônicas jornalísticas ou nas fundamentais páginas de *Como e Porque sou Romancista*, não há dúvida que tais divisões dificultam a apreensão, como totalidade, do próprio projeto literário de José de Alencar.

De duas maneiras, este ensaio escapa à *fable convenue* de tais divisões e, em grande medida, respondem pela eficácia da argumentação da ensaísta: em primeiro lugar, propondo uma discussão inicial sobre a localização de Alencar no torvelinho das polêmicas que, durante todo o Romantismo e mesmo muito depois, se centraram na questão da nacionalidade da literatura brasileira, de que são exemplos as já mencionadas batalhas jornalísticas que Alencar sustentou com Gonçalves de Magalhães e Joaquim Nabuco, ou de que resultaram textos exemplares como os de Santiago Nunes Ribeiro, dos anos 40, e de Machado de Assis, dos anos 70; em segundo lugar, através da leitura analítica dos três perfis alencarianos (ou quase quatro, se se contar o fragmento de *Escabiosa/Sensitiva*), conseguindo convencer o leitor de seu texto, como é o meu caso, de que, entre outras coisas, a reivindicação de nacionalidade que ocorre pela presença de imagens e paradigmas naturais incrustados nos sintagmas narrativos, elemento de construção fundamental para a avaliação dos perfis, desfazem, mas de um modo estrutural, as fronteiras entre aquilo que há de citadino e civilizado nos perfis e os seus débitos, em termos de linguagem e representação, para com o projeto mais amplo de uma literatura brasileira como o defendido por Alencar, por onde se recupera a unidade de sua obra.

O primeiro veio é a matéria do capítulo inicial, "A Nacionalidade", em que ressalta a discussão do texto "Bênção Paterna", datado de 1872, prefácio a *Sonhos d'Ouro*, precedendo de um ano apenas ao famoso ensaio de Machado de Assis, "Notícia da Literatura Brasileira. O Instinto de Nacionalidade", cuja primeira publicação, no jornal *O Novo Mundo*, é de 1873, e com o qual tem muitos pontos em comum, como sugere, por diversas vezes, Maria Cecília.

De fato, a leitura do prefácio a *Sonhos d'Ouro*, talvez a mais importante peça daquilo que, em subcapítulo, a autora chama de "prefácios *a posteriori*", é da maior importância para que seja compreendido o projeto alencariano de uma literatura nacional, ao mesmo tempo que situa o romancista no conjunto de sua própria obra.

Assumindo a posição de quem fala para o próprio livro a que serve de prefácio, dramatizando assim as suas reflexões, José de Alencar propõe, como tarefa inicial, responder a uma ampla interrogação acerca mesmo do estatuto da literatura brasileira:

> A literatura nacional que outra cousa é senão a alma da pátria, que transmigrou para este solo virgem com uma raça ilustre, aqui impregnou-se da seiva americana desta terra que lhe serviu de regaço; e cada dia se enriquece ao contacto de outros povos e ao influxo da civilização?

Para responder, Alencar examina três fases do que chama de "período orgânico desta literatura", isto é, "a primitiva, que se pode chamar aborígine, são as lendas e os mitos da terra selvagem e conquistada; são as tradições que embalaram a infância do povo, e ele escutava como o filho a quem a mãe acalenta no berço com as canções da pátria, que abandonou" e a ela corresponderia *Iracema*; a segunda fase é o que chama de "período histórico: representa o consórcio do povo invasor com a terra americana, que dele recebia a cultura, e lhe retribuía nos eflúvios de sua natureza virgem e nas reverberações de um solo esplêndido" e a ela pertenceriam *O Guarani* e *As Minas de Prata*; finalmente,

> [...] a terceira fase, a infância de nossa literatura, começada com a independência política, ainda não terminou; espera escritores que lhe dêem os últimos traços e formem o verdadeiro gosto nacional, fazendo calar as pretensões hoje tão acesas, de nos recolonizarem pela alma e pelo coração, já que não o podem pelo braço. [...] *O Tronco do Ipê*, o *Til* e *O Gaúcho*, vieram dali; embora, no primeiro sobretudo, se note já, devido à proximidade da corte e à data mais recente, a influência da nova cidade, que de dia em dia se modifica e se repassa do espírito forasteiro. [...] Desta luta entre o espírito conterrâneo e a invasão estrangeira são reflexos *Lucíola*, *Diva*, *A Pata da Gazela*, e tu, livrinho, que aí vais correr mundo com o rótulo de *Sonhos d'Ouro*.

É exatamente a partir desta "luta entre o espírito conterrâneo e a invasão estrangeira", submetendo à análise minuciosa dois dos romances mencionados pelo autor, *Lucíola* e *Diva*, acrescentando-se *Senhora*, que é de 1875, que se alimenta o segundo veio deste livro.

Desta maneira, a leitura dos três perfis alencarianos, ao invés de buscar resolvê-los como representativos de um "outro José de Alencar" que se haveria de contrapor ao dos romances indianistas e históricos, ilumina as tensões propriamente estéticas entre o projeto nacional de literatura e o modo de lidar com as contribuições estrangeiras (leia-se francesas) que a narrativa romanesca ia incorporando.

Eis o miolo e o grande mérito deste trabalho de Maria Cecília: o de mostrar com enorme clareza e pertinência que justamente naquelas obras, onde o escritor poderia parecer (e, de fato, ele assim foi lido por grande parte de sua tradição crítica) mais afastado de seu projeto original de uma literatura nacional, é onde mais se pode detectar o esforço em instaurar uma literatura brasileira que, sem negar os seus traços distintivos de natureza, raça e língua, temas ainda do primeiro capítulo, pudesse acertar os seus passos com relação ao que se fazia nos centros irradiadores de cultura. Os modos pelos quais se vai operando este acerto, que mais tem a ver com tensão do que com integração pacificadora, acompanham as leituras dos perfis alencarianos que ocupam os três últimos capítulos do livro.

No segundo capítulo, "Os Perfis", já se havia, entretanto, estabelecido o viés comparativo com que trabalha a autora: não o estudo de fontes que viesse explicitar aquela "invasão estrangeira" referida por Alencar, em sua luta por se impor ao "espírito conterrâneo", mas, exatamente por privilegiar o elemento de tensão, o trabalho da intertextualidade que permite à própria obra deixar aflorar os seus débitos e créditos e, mais ainda, só se deixa inteiramente apreender pela análise da construção e pela interpretação de seu sistema de significações.

Sendo assim, interessa menos à autora o relacionamento daqueles autores franceses que são explicitamente nomeados por Alencar nos perfis, e são obras onde a presença de livros e leituras é muito grande, do que a maneira pela qual os sintagmas narrativos se organizam na convergência dessas mesmas leituras e se deixa perceber na utilização de imagens e outros índices da própria narratividade. O que não significa dizer que Maria Cecília não tenha sabido marcar a presença precisa dos autores franceses em cada um dos perfis. É até mesmo possível rastreá-la pontualmente em cada uma das obras. Assim, por exemplo, a dominância de Dumas Filho e Bernardin de Saint-Pierre em *Lucíola*, ou de Feuillet em *Diva*, ou, finalmente, a de Balzac e George Sand em *Senhora*, sem esquecer a onipresença de Chateaubriand (que foi tema de outro livro de Maria Cecília, *A Vida Selvagem. Paralelo entre Chateaubriand e Alencar*, São Paulo, Anablume, 1995) e sombras de Hugo e mesmo Lamartine. Mas o que mais encanta na leitura das análises de Maria Cecília é que, sabendo lidar com a leitura dos outros, ela não abre mão de sua enorme capacidade de leitora, encontrando momentos cruciais de criação e de invenção literárias que melhor dizem do trabalho intertextual. E um exemplo notável do que acabo de dizer, para ficar apenas em um, está na transformação metafórica da Margarida, a *Dama das Camélias*, de Dumas Filho, na Lúcia, a "dama dos cactos", de *Lucíola*, por onde se é capaz de perceber o núcleo de uma tradução estrutural de cultura, e estrutural porque ocorrendo no vértice da invenção de uma imagética pela qual a tensão entre natureza e cultura (leia-se "conterrâneo" e "estrangeiro", para retomar os termos alencarianos) é, simultaneamente, mantida e denunciada.

Mas seria excessivo relacionar todos os momentos em que ocorrem semelhantes achados nas leituras dos perfis. Contento-me em indicar a sua existência e atiçar a curiosidade do leitor. Um leitor que tem o privilégio de ter um guia como Maria Cecília Queiroz de Moraes Pinto para uma obra de um autor das dimensões de José de Alencar. Dimensões que estão registradas pela autora nas conclusões de seu livro e que vale a pena citar:

> Na verdade, com suas falhas e desalinhavos, com seu respeito pelas autoridades, pelos grandes nomes e seu pequeno (insuficiente) distanciamento crítico, com tudo o que se pode censurar a algumas de suas posições ideológicas – consegue, nos *perfis*, introduzir a diferença fundamental da escrita. [...] Da natureza, faz o trançado do enredo, exaltando um espaço gerador de sentido, assim como explora a palavra e as possibilidades diretas, indiretas da enunciação. Talvez se compreenda melhor Alencar pensando nele como uma *voz*, proveniente de um tempo e contexto brasileiros. Essa *voz* tem altos e baixos, diz contrários esteticamente válidos e outros que não o são inteiramente ou que não o são de modo algum. É, sobretudo, nova, mesmo que, no

momento de *Senhora*, tenha sido ouvida com frieza pela crítica. O século XX viria comprová-lo. A fusão que Alencar buscou, ele a atinge como início de um processo, aquele que conduziria à devoração de um Oswald de Andrade, de um Mário de Andrade. A França [...] serviu-lhe de apoio, e, a partir dela, foi possível entender o que nos separava de Portugal e que, um dia, nos separaria de outras culturas.

8

Um Ensaísmo Inteligente*

Não sei se o leitor já leu algum dos ensaios de Eduardo Lourenço, certamente um dos maiores ensaístas escrevendo em língua portuguesa nos dias atuais. Se não, e se tiver interesse por uma prosa admirável em que a literatura e a cultura são pensadas e discutidas numa trama de grande intensidade, é possível agora começar a conhecê-la pela leitura do pequeno livro (pouco mais de cento e cinqüenta páginas) editado no Brasil pela Companhia das Letras, o seu primeiro livro publicado por aqui: *Mitologia da Saudade*.

Autor de uma obra vasta, em que sobressaem os volumes a que deu o título de *Heterodoxia I e II*, o estudo sobre Fernando Pessoa, *Pessoa Revisitado*, as reflexões que estão em *Tempo e Poesia* ou o volume complementar a este de agora, *Labirinto da Saudade*, Eduardo Lourenço, de certa forma, parece negar aquela tradição do ensaísmo português a que António Sérgio, outro grande ensaísta, chamou de *prosa doutrinal* na preciosa antologia que, anos atrás, organizou, prefaciou e anotou sob o título de *Prosa Doutrinal de Autores Portugueses*. E isto porque há muito pouco, ou quase nada, de *doutrinal* em sua prosa ensaística e, na verdade, o que dela ressalta é uma enorme e bela liberdade em ir acentuando as-

---

* Publicado na *CULT, Revista Brasileira de Literatura*, Ano III, n. 28.

pectos gerais e particulares de obras, autores e temas literários e culturais, tudo sempre articulado por pontos de vista críticos adequados e por uma variada (e discreta, como deve ser) erudição. E esta articulação, que parece quase sempre qualificar o labor crítico, é bem evidente em *Mitologia da Saudade*, a partir mesmo da organização do livro. São oito concisos textos (que vão de quatro a dez páginas) seguidos de um ensaio mais longo, de pouco mais de sessenta páginas, intitulado "Portugal como Destino".

Naquela primeira parte – a dos oito textos –, creio haver uma estrutura tripartida: na primeira, estão três ensaios que discutem o tema da saudade e da melancolia articulado à grande questão do tempo, "Tempo Português", "Melancolia e Saudade" e "Da Saudade como Melancolia Feliz"; na segunda, três ensaios que ampliam e, ao mesmo tempo, situam mais concretamente, seja em obras, seja em ideologias específicas, aquele tema central, como está em "Clarimundo: Simbologia Imperial e Saudade", "Sebastianismo: Imagens e Miragens" e "Romantismo, Camões e Saudade"; finalmente, a releitura de Fernando Pessoa, em dois ensaios que retomam o poeta a partir do tema central da obra: "Tempo e Melancolia em Fernando Pessoa" e "Dois Príncipes da Melancolia: Fernando Pessoa e Luís da Baviera".

Quanto ao ensaio final do livro, "Portugal como Destino", é uma espécie de diacronização daqueles cortes sincrônicos da primeira parte, em que a História de Portugal é repassada, desde as suas origens até a Revolução de 1974 e depois, sob a discussão cerrada das transformações que foram sendo operadas pelo próprio dinamismo da cultura e da leitura que sobre ela se fez, incluindo-se, no quadro amplo das modificações, as releituras do tema da saudade e da melancolia que foram realizadas pelas sucessivas gerações de intelectuais portugueses. Uma notável demonstração de como o texto de caráter histórico, sem perda de sua fluidez narrativa, é intensificado pela irrigação resultante das interseções de elementos sincrônicos e diacrônicos bem articulados. Mas não se chegou a ela – *notável demonstração* –, sem antes passar pelo estágio fundamental de rigor crítico e conceitual com que, no primeiro conjunto de ensaios, é proposta a discussão do tema central da obra.

UM ENSAÍSMO INTELIGENTE

Assim, já no primeiro ensaio, colhendo teoricamente aquilo que resulta da experiência histórica portuguesa, isto é, de uma duplicidade de olhar e de olhar-se que, pelo menos desde Camões, faz com que em Portugal viva-se " 'por dentro' numa espécie de isolamento sublimado, e 'por fora' como o exemplo dos povos de vocação universal, indo a ponto de dispersar o seu corpo e a sua alma pelo mundo inteiro", como ele mesmo afirma, Eduardo Lourenço estabelece as trilhas em que persegue as aproximações e as definições de seu tema. Referindo-se ao povo português, diz a certa altura:

Um tal povo, tão à vontade no mundo como se estivesse em casa, na verdade, não conhece fronteiras, porque não tem exterior. Como se fosse, sozinho, uma ilha. Mundo onde, d. Sebastião de si mesmo, esperasse um regresso sempre diferido, sonhando com a sua vida passada. [...] Evocando admiravelmente a saudade, na medida em que pode ser evocada, d. Francisco Manuel de Mello supôs, primeiro do que ninguém, que Portugal se tornara esse povo de uma nostalgia sem verdadeiro objeto devido ao seu destino de povo marítimo, viajante, separado de si mesmo pelas águas do mar e do tempo. Sem dúvida que o nosso destino de errância conferiu a essa nostalgia, a esse afastamento doloroso de nós mesmos, o seu peso de tristeza e de amargura, a sua coroa de bruma. É a lembrança da casa abandonada, esse gosto de mel e de lágrimas, que a palavra-mito dos portugueses sugere. Mas não é nesse destino que devemos colher a origem, a essência do sentimento que a si mesmo se plasma na palavra, no pensamento, da *saudade*.

Onde colhê-la? A resposta de Eduardo Lourenço é de uma precisão e de uma beleza (porque precisa) sem-par:

A *saudade*, a nostalgia ou a melancolia são modalidades, modulações da nossa relação de seres de memória e sensibilidade com o Tempo. Ou antes, com a temporalidade, aquilo que, a exemplo de Georges Poulet, designarei de "tempo humano". Isso significa que essa temporalidade é diversa daquela outra, abstratamente universal, que atribuímos ao tempo como sucessão irreversível. Só esse "tempo humano", jogo da memória e constitutivo dela, permite a inversão, a suspensão ficcional do tempo irreversível, fonte de uma emoção a nenhuma outra comparável. Nela e por meio dela sentimos ao mesmo tempo a nossa fugacidade e a nossa eternidade. A esse título, a nostalgia, a melancolia, a própria *saudade*, reivindicada pelos portugueses como um estado intraduzível e singular, são sentimentos ou vivências universais. Da universalidade do "tempo humano", precisamente. É o conteúdo, a cor desse tempo, a diversidade do jogo que a memória desenha na sua leitura do passado, o que distingue a nostalgia da melancolia e estas duas da saudade.

Destas três modalidades, dirá Eduardo Lourenço na conclusão deste primeiro ensaio, é a saudade que marcará a maneira de Portugal olhar para o seu passado, arrematando:

> Contrariamente à lenda, o povo português, ferido como tantos outros, por tragédias reais na sua vida coletiva, não é um povo trágico. Está aquém ou além da tragédia. A sua maneira espontânea de se voltar para o passado em geral, e para o seu em particular, não é nostálgica e ainda menos melancólica. É simplesmente *saudosa*, enraizada com uma tal intensidade no que ama, quer dizer, no que é, que um olhar para o passado no que isso supõe de verdadeiro afastamento de si, uma adesão efetiva ao presente como sua condição, é mais da ordem do sonho que do real.

O dois ensaios seguintes tratam de abordar mais detida e historicamente, as distinções perseguidas e assentadas neste primeiro.

Deste modo, em "Melancolia e Saudade", com breves referências a Teixeira de Pascoaes, "a quem se deve, sob o nome de saudade", segundo as palavras de Eduardo Lourenço, "a versão mais paradoxal de melancolia", e a Fernando Pessoa, em que esta não se distingue claramente da nostalgia, a matéria principal do ensaio, se matéria for o nome mais adequado para um gênero tão esgarçado, é a reflexão sobre a melancolia esboçada no século XV por D. Duarte, no ensaio "Do Nojo, Pesar, Desprazer, Aborrecimento e Saudade", que faz parte da obra *Leal Conselheiro* e que, diga-se de passagem, o leitor pode ler na antologia organizada por António Sérgio já mencionada.

Exaltada por Eduardo Lourenço como "uma espécie de anatomia da melancolia" (uma alusão ao célebre livro de Robert Burton de 1621), é nesta obra que, segundo ele,

> [...] a propósito da melancolia ou doutros estados de alma comparáveis ou ligados à sua manifestação, que d. Duarte elabora a primeira meditação conhecida sobre a Saudade. O fundamental, entretanto, é que, na obra do triste e melancólico monarca, a saudade é descrita, com perfeita precisão, como uma aflição da alma entre a tristeza,

o nojo e o prazer. Por outras palavras, inspira umas vezes mais tristeza que prazer, outras mais prazer que tristeza.

Estava, deste modo, aberto o caminho para que a saudade fosse pensada, ou sentida, seria melhor, em dois tempos, "um ligado ao passado, o outro ao futuro", transformando-a, sobretudo a partir da Renascença, num "sentimento avassalador", tal como é apontado por Eduardo Lourenço nas obras de Bernardim Ribeiro e Camões, sem esquecer a contribuição de d. Francisco Manuel de Mello o qual, segundo o ensaísta, "traçou o retrato dessa nova saudade que é ao mesmo tempo desejo de eternidade e nostalgia eterna".

Nas duas breves páginas seguintes, que é disto que é feito o capítulo intitulado "Da Saudade como Melancolia Feliz", trata-se de sugerir que, embora desistindo de uma definição da saudade, de tal maneira o sentimento foi mitificado como "brasão da sensibilidade portuguesa", é possível encontrar o "sentido" da saudade sobretudo em sua expressão poética. Diz Eduardo Lourenço: "O 'sentido' está incluído na própria manifestação, e, se escutarmos a voz sem verbo que na saudade aflora, esse silêncio original acaba por se fazer ouvir".

E os exemplos que ele oferece são os de Almeida Garrett, através dos famosos versos

gosto amargo de infelizes,
delicioso pungir de acerbo espinho,

em que, se não se define a saudade, ela está no que há de contraditório nos sentimentos, e de Teixeira de Pascoaes através do título de sua obra, *Regresso ao Paraíso*, em que "esse 'regresso' é obra da saudade, que subtrai a nostalgia ao sentimento da pura perda ou ausência, confiando-lhe a missão de transmudar a perda em vitória do sonho".

Dos três capítulos seguintes (o primeiro, "Clarimundo: Simbologia Imperial e Saudade", um notável exame da obra do jovem João de Barros sob o signo do tema da saudade, o segundo, "Sebastianismo: Imagens e Miragens", um prefácio rico de sugestões para o tecido complexo das experiências messiânicas como vinculado ao tema do livro), é o terceiro,

"Romantismo, Camões e Saudade", que, sem dúvida, merece um destaque especial, na medida em que, sobretudo através do poema "Camões", de Garrett, aponta para as transformações do mito da saudade como simultâneas às releituras que foram feitas do grande poema camoniano, o principal elemento de incorporação e de veiculação do próprio mito na cultura de Portugal.

Daí para a tentativa de reescritura pelo Pessoa de *Mensagem* ou de sua anterior problematização pela Geração de 70, com destaque a Antero de Quental, Eça de Queirós e Oliveira Martins.

Mas, sem deixar de passar pela tradução melancólica de Fernando Pessoa que está nos dois últimos ensaios, já se está no umbral do texto com que o livro se encerra: a riquíssima *dramaturgia cultural portuguesa* que é *Portugal como destino*.

9

O Livro do Centenário*

Por temperamento e por gosto, sou avesso ao espalhafato das comemorações e, por isso mesmo, não me integro muito bem ao clima de louvações mais ou menos patrioteiras que vem assumindo a percepção da data que marca os quinhentos anos de descobrimento (ou *achamento*, como já preferia Pero Vaz de Caminha) do Brasil.

Aos projetos grandiosos de eventos comemorativos, prefiro aqueles mais simples, e quem sabe mais duradouros, de publicações de obras que vão tratando de aspectos importantes de nossa evolução cultural ou mesmo aqueles, importantíssimos, de reedições de livros que, por esse ou aquele aspecto, foram decisivos para o conhecimento do país.

Pelo que leio em jornais e revistas e ouço falar, são várias as editoras empenhadas nesse trabalho de recuperação e, se tudo o que se diz for a expressão da verdade, creio que até o final do ano muito daquele esforço despendido pelos interessados por entre as estantes, muitas vezes confusas, de sebos e antiquários será bastante atenuado pelo mais fácil acesso nas livrarias.

Na verdade, pelo que já começa a aparecer, existem duas linhas principais de publicações: aquela da reedição de textos clássicos da cultura bra-

---

* Publicado na *CULT, Revista Brasileira de Literatura*, Ano III, n. 34.

sileira (é o caso, por exemplo, do que vem sendo feito pela editora Topbooks) e a de ensaios de reinterpretação destes clássicos por escritores contemporâneos que, por assim dizer, vão confirmando a perenidade daqueles textos (e um exemplo é o volume *Introdução ao Brasil. Um Banquete no Trópico*, organizado por Lourenço Dantas Mota).

É claro que a estas duas linhas se poderia desejar o acréscimo de outras que, sem dúvida, poderiam em muito enriquecer estes excelentes projetos editoriais.

Penso, por exemplo, numa série de edições, em fac-símile, de algumas revistas ou jornais dos séculos XIX e XX, que hoje correm já o risco de desaparecimento, e que constituem material de pesquisa indispensável para o próprio conhecimento do Brasil.

Seria o caso, por exemplo, para ficar apenas no século XIX, de uma reedição fac-similar das revistas *Minerva Brasiliense (1843-1845), Guanabara* (1849-1856) e *Revista Popular (1859-1862),* no que se refere ao momento romântico, ou, para o momento posterior, as duas fases da *Revista Brasileira*, aquela editada por Nicolau Midosi e Franklin Távora, em dez volumes, publicados entre 1879 e 1881, que teve em Sílvio Romero e Machado de Assis os seus mais famosos colaboradores, tendo o primeiro ali publicado alguns capítulos do que será, em 1888, os dois volumes de sua *História da Literatura Brasileira*, e o segundo todos os capítulos de suas *Memórias Póstumas de Brás Cubas,* e aquela editada por José Veríssimo, em vinte volumes, entre 1895 e 1900, cujo último número, o vigésimo, não circulou mas traz a data de 1900[1].

Uma outra linha possível seria aquela, que ficaria entre os estudos bibliográficos e os de história da cultura, em que alguns autores se encarregassem de traçar os panoramas e as conquistas nas diversas áreas do conhecimento, desde as ciências humanas até às físico-matemáticas e biológicas, num verdadeiro levantamento daquilo que foi possível realizar em cinco séculos de história. Uma espécie de *história da cultura brasileira*, escrita a várias mãos especializadas.

---

1. Este vigésimo número foi localizado por José Cavalcante de Souza, ao preparar a sua tese de doutoramento na Universidade de São Paulo, em 1982. O exemplar, inteiramente editado e pronto para circulação, estava na Academia Brasileira de Letras.

O LIVRO DO CENTENÁRIO

Não sei se o leitor sabe, mas foi algo semelhante o que buscou realizar o que se chamava Associação do Quarto Centenário do Brasil, quando, em 1900, publicou, pela *Imprensa Nacional*, três extensos volumes com o título geral de *Livro do Centenário (1500-1900)*.

Na verdade, a obra fora pensada em quatro volumes, como se pode ler pelo que está na nota prefacial, sem assinatura, que abre o primeiro. Comporiam este quarto volume três *Memórias, A Indústria. Riquezas Extrativas*, por Luiz Rafael Vieira Souto, *A Lavoura. Riquezas Vegetais*, por José Cardoso Moura Brasil, *O Comércio e a Navegação. As Finanças*, por Honório Augusto Ribeiro, e, como ali está dito, uma *Notícia História dos Trabalhos da Comemoração Confiada ao Dr. Benjamim Franklin Ramiz Galvão*. Por uma razão ou outra, que desconheço, este quarto volume não foi publicado e o que hoje se tem por *Livro do Centenário* é constituído pelos três volumes mencionados.

O primeiro volume contém quatro *Memórias* solicitadas pelos organizadores e duas outras premiadas pela Associação.

As primeiras são: "O Descobrimento do Brasil. O Povoamento do Solo. Evolução Social", por João Capistrano de Abreu, "A Religião. Ordens Religiosas. Instituições Pias e Beneficentes no Brasil", pelo Padre Júlio Maria, "A Literatura (1500-1900)", por Sílvio Romero, e "A Instrução e a Imprensa (1500-1900)", por José Veríssimo de Matos.

As duas *Memórias* premiadas são as de Manuel de Oliveira Lima, "O Descobrimento do Brasil. Suas Primeiras Explorações e Negociações Diplomáticas a que Deu Origem", e de Moreira de Azevedo, "O Descobrimento do Brasil. Intuitos da Viagem de Pedro Álvares Cabral".

Como se pode observar, metade dos textos constantes neste volume tratam do descobrimento do Brasil, trazendo pontos de vista diversos sobre o tema: enquanto aquele de Capistrano de Abreu é, por assim dizer, uma síntese daquilo que o grande historiador já tratara em obras anteriores, os de Oliveira Lima e Moreira de Azevedo abordam subtemas específicos, seja a história diplomática, como está no ensaio do autor de *Dom João VI no Brasil*, seja a questão, sempre recorrente, da intencionalidade ou do acaso do descobrimento, como está no último ensaio de Moreira de Azevedo.

164   MISTÉRIOS DO DICIONÁRIO

E se o texto escrito pelo Padre Júlio Maria tem grande interesse sobretudo por ser escrito por uma das figuras mais eminentes do clero brasileiro da época e ainda por ser o contraponto necessário à visão leiga e, às vezes, mesmo anticlerical do melhor pensamento do tempo, são os escritos de Sílvio Romero e José Veríssimo que, certamente, mais despertarão a curiosidade do leitor atual. E creio mesmo que mais o de José Veríssimo do que o de Sílvio Romero.

Isto porque, se o texto do grande historiador de nossa literatura, não é senão uma síntese, embora de largo fôlego, da *História* de 1888, com acréscimos interessantes de alguns autores e obras mais próximos da atualidade do crítico, o de José Veríssimo, na época já uma das principais lideranças críticas do Brasil, é, por um lado, nas páginas que dedicou à educação, uma retomada de suas origens de intelectual empenhado em reformas educacionais (basta ver a sua *A Educação Nacional*, cuja primeira edição é de 1890), e, por outro, nas páginas que dedicou à história da imprensa no Brasil, documento raro em nossa vida intelectual, um ensaio que desmente a caracterização generalizada do autor apenas como crítico preocupado com as boas-letras, uma espécie de nefelibata da crítica brasileira, e o afirma como um historiador cultural de largo espectro.

Já o segundo volume, o mais extenso da obra, publicado em 1901, traz também quatro *Memórias: As Belas-Artes*, por Henrique Coelho Neto, *As Ciências Médico-Farmaceûticas*, por José Eduardo Teixeira de Sousa e Agostinho José de Sousa Lima, *Religiões Acatólicas*, por José Carlos Rodrigues, e *Organização Militar. Exército e Armada. Milícia Cívica. Fortificações. Arsenais*, pelo general Bibiano Sérgio Macedo da Fontoura Costallat e pelo vice-almirante Artur Jaceguai.

Deixando de lado estes dois últimos nomes, figuras militares de reconhecida proeminência na vida pública brasileira das primeiras década do século XX, e de reconhecido saber histórico em suas áreas de atuação, ou mesmo os dois médicos, autores do segundo ensaio, sobre os quais eu nada poderia dizer, creio que os dois mais conhecidos pela posteridade é o primeiro e o terceiro. Ou seja, Coelho Neto, o escritor lidíssimo dos últimos anos do século XIX e da primeira década do XX e que Sílvio Romero, na *Memória* do primeiro volume desta obra, incluía entre "os homens que a nosso ver têm até hoje manejado melhor a linguagem escrita no Brasil" e isto porque, ainda segundo o historiador literário, tem um "vocabulário variado, ao serviço de uma imaginação arisca e turbulenta, dando-nos páginas descritivas, valorosas, potentes", e José Carlos Rodrigues, o jornalista e criador do famoso jornal *O Novo Mundo*, editado em New York, de que o poeta Sousândrade foi secretário editorial e onde colaborou Machado de Assis com dois ensaios, um dos quais o influente "Notícia da Atual Literatura Brasileira. O Instinto da Nacionalidade", cujos estudos de história das religiões realizados na Cornell University é, certamente, responsável por ter sido convidado a escrever o ensaio mencionado para este volume do *Livro do Centenário*.

Finalmente, o terceiro volume, o menos extenso dos três, publicado em 1902, também contém quatro *Memórias: Relações Exteriores. Alianças, Guerras e Tratados. Limites do Brasil*, por Clóvis Beviláqua e o coronel Gregório Taumaturgo de Azevedo, *As Ciências Jurídicas e Sociais*, por Júlio de Barros Raja Gabaglia, *A Mineração. Riquezas Minerais*, por Antônio Olinto dos Santos Pires e *A Engenharia. Viação, Obras Públicas, Construções em Geral. Seção Primeira (1500-1822). Período Colonial do Brasil*, por Antônio de Paula Freitas.

Como se pode perceber, trata-se de uma reunião de textos bastante diversos, quer em torno de questões de direito internacional ou de história do direito, caso dos dois primeiros, quer em torno do grande tema brasileiro da economia extrativa, como está no terceiro, ou da engenharia e suas repercussões sociais e econômicas, como está no último.

Por outro lado, possivelmente o único nome dos autores de *Memórias* neste volume a ser ainda amplamente reconhecido pela posteridade é aquele de Clóvis Beviláqua, o eminente professor da Faculdade de Direito do Recife, cuja história foi escrita por ele em dois volumes, e, sobretudo, o autor do projeto do Código Civil Brasileiro, sancionado em 1916 e até hoje, com uma ou outra modificação, vigente.

Diante deste resumo do elenco de autores e obras que concorreram para a existência do livro publicado entre 1900 e 1902, fico imaginando o que seria um novo *Livro do Centenário (1500-2000)* e o que resultaria de

166   MISTÉRIOS DO DICIONÁRIO

uma comparação com o *Livro do Centenário* anterior, acrescentando-se os cem anos de existência cultural.

Em primeiro lugar, uma grande diferença temática e de tratamento ensaístico.

Se no livro anterior, as questões sociais, econômicas e políticas quando surgem, e se surgem, estão diluídas por entre as considerações centradas nas instituições ou nas atividades do conhecimento, no livro de agora seriam, sem dúvida, dominantes, por força mesmo do aparecimento daqueles ensaios de interpretação do Brasil, que vai atingir o seu clímax nos anos trinta, começando mesmo no ano de publicação do último volume do livro anterior, 1902, com o *Os Sertões*, o *Livro Vingador* e obra-prima de Euclides da Cunha.

Em segundo lugar, no caso específico da literatura, entra-se no século XX, com a notável exceção de Machado de Assis, que publicaria três livros fundamentais neste século – *Dom Casmurro, Esaú e Jacó* e *Memorial de Aires* –, como se navega num mar remansoso, cuja tranqüilidade somente será abalada a partir da segunda década do século, com a nossa vanguarda modernista.

Por outro lado, no que se refere à historiografia literária, isto é, aquele setor dos estudos literários em que são, por assim dizer, canonizados os textos, foram publicadas três obras básicas: uma que completava o trabalho historiográfico do século XIX, a *História da Literatura Brasileira*, de José Veríssimo, em 1916, e duas outras que abriam as portas do século XX, embora publicadas nos meados deste, mas fortemente ecoando toda a experiência cumulada a partir da vanguarda modernista dos anos 20 e 30: *A Literatura no Brasil*, coordenada por Afrânio Coutinho, de 1955, e *Formação da Literatura Brasileira*, de Antonio Candido, de 1959.

Somente com a vanguarda dos anos 60 é que se inicia a problematização daquele cânone que está nas duas obras dos anos 50 e que, por sua vez, era a resultante de todo o trabalho exercido em meados do século XIX pelos críticos do nosso Romantismo e que fora, por assim dizer, sistematizado pela grande obra de Sílvio Romero, de 1888. E assim como no *Livro do Centenário* há uma espécie de balanço daquilo que foi decisivo, para a cultura brasileira, no século XIX, é muito natural que se cogite hoje daquilo que, do nosso século XX, passará ou não como importante para o XXI.

Para isso, é fundamental não apenas a relação das obras e dos autores, mas a crítica deles, assim como foi a crítica que determinou aquilo que, ainda hoje, constitui o cânone básico da literatura brasileira. Os acrescentamentos e as eliminações vão sendo feitos pela leitura que cada época faz da herança da época anterior, devendo-se ter presente que certas obras e autores podem não ser lidos pela época imediatamente posterior, ou lidos de modo inadequado, deixando para épocas muito distantes a tarefa de sua reabilitação ou definitivo alijamento do cânone.

Somente o XXI dirá o que, realmente, valeu a pena no XX mas, para que isto aconteça, para que se tenha os argumentos necessários com que se possa aceitar ou rejeitar as canonizações, é fundamental também a versão (que pode ser até em disquetes ou CD-rooms) daquele *Livro do Centenário* que os homens de boa vontade do XIX prepararam para os do XX, seus pósteros.

10

Drummond, Livros e Editores*

A TRADUÇÃO DA OBRA DE Joanot Martorell, *Tirant lo Blanc*, de meados do século XV, aquela mesma que mereceu escapar da fúria seletiva com que o cura e o barbeiro limpam a biblioteca do pobre Alonso Quijano no capítulo VI do *Dom Quixote*, quando é avaliada pelo cura como *el mejor libro del mundo*, deu a Cláudio Giordano uma posição destacada entre os tradutores brasileiros, acrescentando-lhe um título a mais ao que já possuía: um dos mais engenhosos editores do país.

Na verdade, querendo, em sua modéstia, ser conhecido apenas como um editor *nanico* (designação que utilizou para nomear a publicação, em forma de boletim bibliográfico, que vem editando), Cláudio Giordano, por assim dizer, caiu numa boa contradição ao realizar a proeza de não apenas verter, pela primeira vez, do original catalão para o português do Brasil, a infindável obra de Martorell, mas de publicar, ele mesmo, o cartapácio que, na edição da Editora Giordano de 1998, é um volume de mais de novecentas páginas[1].

Não é, portanto, *nanico* nem o projeto intelectual e literário, nem é *nanica* a edição. Ao contrário disso, trata-se de uma realização de largo

---

* Publicado na *CULT, Revista Brasileira de Literatura*, Ano IV, n. 36.
1. Cf. Joanot Martorell, *Tirant Lo Blanc*, traduzido do catalão por Cláudio Giordano, Prólogo de Mario Vargas Llosa, São Paulo, Giordano, 1998. [2. ed., São Paulo, Ateliê Editorial, 2004].

170 MISTÉRIOS DO DICIONÁRIO

fôlego, em que o leitor brasileiro tem a oportunidade de entrar em contacto com uma obra-prima de toda a literatura ocidental e de fazê-lo através de uma acuradíssima e agradável tradução e, ainda mais, numa edição de primorosa qualidade gráfica.

É, deste modo, um livro completo, isto é, aquele em que a importância do conteúdo é valorizada pela apresentação e, sendo assim, o exercício da leitura e da releitura (indispensável e mesmo decisiva numa obra como a de Martorell) pode ser realizado sem que se desfaça, com o passar das páginas, o encantamento, fundamental, como se sabe, na leitura de livros de cavalaria.

A tradução de Cláudio Giordano, baseada, como se informa ao leitor, na "edição integral catalã, segundo o texto de 1497, [...] aos cuidados do Dr. Martí de Riquer", obedece aos melhores princípios de tradução[2].

A partir mesmo da fonte utilizada para o trabalho, assegurando-se o tradutor de que se trata de um texto fidedigno (neste caso, estando *aos cuidados* de Martí de Riquer, o conhecido editor e estudioso de Cervantes, é já uma demonstração inequívoca da excelência da escolha), e estendendo-se a aspectos mais interiores da tarefa de tradução, como, por exemplo, sobretudo para o caso de uma obra do século XV como esta, a difícil escolha, para a língua em que se traduz, de termos que, ao mesmo tempo, possam salvaguardar o gosto de época e não prejudiquem a acessibilidade de um leitor de hoje. E Cláudio Giordano saiu-se, a este respeito e a muitos outros, muito bem da tarefa.

Para demonstração, eis um exemplo extraído do início do capítulo I, que vai transcrito da tradução brasileira, seguido pela tradução para o inglês por David H. Rosenthal para comparação:

Tal é a excelência da carreira militar, que deveria ser mui reverenciada, observando-a os cavaleiros de acordo com o fim para o qual foi instituída e ordenada. Entretanto, estabeleceu a divina Providência e assim lhe apraz que os sete planetas exerçam influência no mundo e tenham domínio sobre a natureza humana, inclinando os homens por muitos modos a pecar e viver em vício; todavia, não lhes tolheu o Criador

---

2. Aqui há um erro de data, reconhecido, aliás, pelo próprio Giordano em comunicação pessoal: a primeira edição da obra é de 1490.

universal o livre-arbítrio que, se bem governado, pode mitigar e vencer aquela influência, desde que se viva virtuosa e ponderadamente[3].

The knightly estate excels in such degree that it would be highly revered, if knights pursued the ends for which it was created. Divine Providence has caused the seven planets to influence our natures, giving us varied predispositions to sin and vice, but Our Universal Creator has allowed us free will, which, if we use it well and live virtuously, will mitigate our weaknesses[4].

É claro que a natureza das línguas responde, em grande parte, pela maior ou menor economia dos textos, mas, por outro lado, que diferença entre a dupla adjetivação que está no texto em português para caracterizar o fim da carreira militar (*instituída* e *ordenada*) e o puro e simples verbo (*created*) da tradução inglesa! Ou mesmo aquele *apraz* para marcar a ação da Divina Providência que não encontra equivalente no *caused* da tradução de Rosenthal! Ou o *ponderadamente* que completa a virtuosa da maneira de viver e que desaparece na tradução para o inglês!

Os exemplos poderiam se multiplicar mas creio que estes três bastam para apontar o sentido da tradução de Cláudio Giordano, sabendo manter, no português brasileiro de hoje, a atmosfera lingüística de um catalão escondido no tempo, entre o português arcaico e o espanhol que será o de Cervantes.

É este mesmo e competente tradutor, agora assumindo a máscara que, sem dúvida, mais lhe apraz (para usar o termo eficaz de sua tradução), a de editor, que, na Coleção Memória da Editora Giordano, juntamente com a Editora AGE, de Porto Alegre, publicou recentemente um volume de breves críticas literárias de Carlos Drummond de Andrade, intitulado *Conversa de Livraria, 1941 e 1948*[5].

Embora um pequeno livro, não é um livro apenas de Carlos Drummond de Andrade (o que, se reconheça, já não seria de menos), mas um livro para cuja existência convergiram várias pessoas e fatos diversos que seria imperdoável não nomear.

---

3. *Idem*, p. 9.
4. Cf. Joanot Martorell & Martí Joan de Galba, *Tirant Lo Blanc*, translated and with a foreword by David H. Rosenthal, Baltimore and London, The Johns Hopkins University Press, 1996, p. 3.
5. Cf. Carlos Drummond de Andrade, *Conversa de Livraria, 1941 e 1948*. Porto Alegre/São Paulo, AGE/Giordano, 2000, 116 pp.

Deste modo, o volume que agora aparece como o de número 24 da Coleção Memória (uma coleção que já publicou desde Camilo Castelo Branco ao Anônimo das *Conferências sobre as Índias Ocidentais*, passando, entre outros, por Raimundo Lúlio, Cruz e Sousa, Cláudio Manuel da Costa, Antônio Vieira, José Elói Ottoni, Mário de Andrade e Murilo Mendes), é o resultado de um trabalho conjunto daquilo que, embora pareça antiquado, não se pode senão chamar, de amantes do livro e da edição.

A começar por seu principal editor, Cláudio Giordano, que, com o livro, deu maior aparência pública à Oficina do Livro Rubens Borba de Moraes, uma espécie singular de espaço biblioteca de mistura com trabalhos editoriais; o bibliófilo Waldemar N. Torres, paulista de origem e hoje em Porto Alegre com o seu imenso e invejável acervo de obras do Modernismo Brasileiro, de onde desenterrou os textos de Drummond para este livro, e com qual também instituiu, em Porto Alegre, um outro lugar de sonhos de todo leitor, o Espaço Engenho e Arte, ao mesmo tempo que homenageava os setenta anos de publicação da primeira e fundante obra de Drummond, *Alguma Poesia*, e, finalmente, a figura discreta mas muito viva do psicanalista Alduísio Moreira de Sousa, criador da Casa de Cultura Guimarães Rosa, também em Porto Alegre, um dos co-editores da obra.

Sendo assim, o livro é de Drummond (e a sua existência se deve também à generosidade de seus herdeiros e familiares, como vem anotado na "Nota do Editor da Coleção Memória"), mas é, ainda, uma espécie de manifesto coletivo de paixão pelo livro, pela leitura e pela edição.

Assim, por exemplo, a Oficina do Livro, tomando o nome de um dos maiores bibliófilos e bibliógrafos que o país já conheceu, o de Rubens Borba de Moraes, é um local que se propõe não apenas a pôr à disposição de leitores eventuais as obras mais variadas, incluindo-se algumas raridades, mas a de se transformar num espaço para leituras e discussões públicas de obras, assim como para a divulgação de técnicas de editoração e de outras questões concernentes ao livro e sua realização.

Por tudo isso, parece ser muito coerente a escolha deste livro de Carlos Drummond de Andrade, pois se trata da reunião, em duas partes, de pequenos textos críticos, notícias e avaliação de livros, que o grande poeta publicou, sob pseudônimos, para dois periódicos do Rio de Janeiro nos anos 40: a revista *Euclydes*, entre janeiro e julho de 1941, e o suplemento Letras e Artes do jornal *A Manhã*, entre abril e maio de 1948.

É, deste modo, um livro do leitor Carlos Drummond de Andrade (leitor que, por esses mesmos anos 40, se revelava com toda a sua complexidade no livro *Confissões de Minas*, publicado pela Americ=Edit em 1944, onde sobreleva a primeira parte, "Três Poetas Românticos", em que lê Varela, Casimiro e Gonçalves Dias, e que se completa com o livro publicado nos 50, *Passeios na Ilha*, pela edição da "Organização Simões", de 1952, a meu ver a dupla mais forte de prosa do poeta).

Os textos agora reunidos são bem menos desenvolvidos do que aqueles que estão nos dois volumes referidos e o seu interesse resulta mesmo do modo elíptico com que o autor busca avaliar uma obra, um autor ou registrar um acontecimento literário. Obra, autor ou acontecimento, muitas vezes de grande repercussão posterior, e que eram apanhados, por assim dizer, *ao vivo*, pela pena ágil do escritor. E com a proteção dada pelos pseudônimos, ele podia exercer, de modo livre e rascante, a ironia que lhe era característica. Eis três exemplos escolhidos ao acaso:

Rossini Tavares de Lima – *Vida de José Maurício* – Liv. Elo – São Paulo – 1941.
Biografia em estilo de escola primária, apresentada em mau prefácio do Sr. B. Sanchez-Saez, que se intitula a si próprio "prologista".
Max Fleiuss – Recordando – Imp. Nac. – Rio – 1941.
O ilustre historiador patrício conta-nos que Valentim Magalhães era "extremossíssimo chefe de família e filho exemplar" (afinal duas qualidades!); revela-nos que possuía de Garcia Redondo "vários livros com dedicatórias, sobremodo penhorantes" e assim recorda um incidente de conversa: "Qual! Exclamava Capela, com aqueles bigodes encerados..."
Érico Veríssimo – Viagem através da literatura americana – Rio – 1941.
Para que discutir Érico Veríssimo? Para que discutir Tyrone Power? Os fãs já fizeram o seu julgamento.

Mas o texto pode ser menos conciso e até mais ácido na reflexão desencadeada pelo escritor. É o caso do seguinte, por exemplo:

Osório Borba – *A Comédia Literária* – Alba ed. – Rio – 1941.

Livro que faz meditar, melancolicamente, sobre a mesquinhez do nosso ambiente literário. O difícil problema ortográfico é tratado por um general reformado, e esse general escreve: "Deixe-me informar-lhe de uma grasa a maes, a saber, ce duas pesoas, maes ce todas, ão de ter saboreado o seu amável escrito". Quatorze poetas se cotizam para a publicação de um livro que recusa as produções todos os sócios; e o resultado é um convite ao fogo ou à cesta de papéis usados. Uma associação mundial de escritores, que conta em seu seio figuras como Thomas Mann, procura organizar-se entre nós, e no jantar que então se realiza, o cardápio é escrito em versos humorísticos e um caricaturista do século XIX aparece e faz trocadilhos. O Sr. Osório Borba chama a tudo isso "a comédia literária". E desperdiça todo o seu corrosivo poder de sátira ironizando os pobres movimentos e as miúdas caretas desses animálculos literários, inocentes e desprevenidos num mundo em que já não há lugar para os idiotas.

Como já se percebeu pelas datas, todos os textos transcritos pertencem ao conjunto publicado pela revista *Euclydes*, sob o pseudônimo de "O Observador Literário", designação, aliás, muito semelhante àquela que, muitos anos mais tarde, o poeta utilizará para título do livro de memórias literárias e outras, intitulado "O Observador no Escritório", publicado pela Record, em 1985.

Quanto ao segundo conjunto de textos, aqueles que foram publicados no jornal *A Manhã*, sob o pseudônimo de "Policarpo Quaresma, Neto", embora correspondendo a um período de tempo menor, de apenas um mês, como já se viu, é bem mais desenvolvido e mesmo mais consistente do que o primeiro, em que, no geral, o anedótico que predomina no primeiro, dá lugar a uma argumentação crítica mais desenvolta.

Basta que se leia, como exemplo, a notícia da segunda edição de *Raízes do Brasil*, de Sérgio Buarque de Holanda, quando, não apenas registra o aparecimento da obra, mas chega mesmo a fazer uma crítica acerca de certa afirmação do autor sobre o liberalismo, afirmando:

Já nos parece discutível a afirmação de que "uma superação da doutrina democrática só será efetivamente possível, entre nós, quando tenha sido vencida a antítese liberalismo-caudilhismo" [...]. Não vemos como se alcançaria progresso de tal ordem em termos estritamente nacionais. Caudilhismo é fenômeno local, americano, e o grande inimigo universal do liberalismo, antigo ou moderno, são os totalitarismos, ontem um, agora outro.

O maior encanto do conjunto, todavia, está mesmo, assim como acontecia com o primeiro, em ser uma espécie de caderno de leituras, alternando-se a gravidade de certas considerações com o humor e a ironia no registro delas. É o caso, para dar só um exemplo, do pequeno texto "Algo de Novo": "Uma rima para dor? Amor. E para pranto? Encanto. Eis aí toda a arte poética da Sra. Beatriz dos Reis Carvalho" (Eterna Presença, J. Olympio, 1948). É, portanto, um Carlos Drummond de Andrade ligeiro e bem humorado que encontrava, por entre os livros, uma maneira de aliviar a gravidade de seu tempo, a dos compromissos assumidos em *A Rosa do Povo*, por exemplo, ao mesmo tempo lúcido e lúdico, porque ninguém, nem mesmo ele, da região mineral de Itabira, é de ferro.

11

A Obra Crítica de André Gide*

Nos últimos três ou quatro anos, a obra de André Gide vem sendo republicada pela Gallimard, na coleção Pléiade, parecendo indicar ou propor uma leitura renovada do escritor que, desde os fins do século XIX até os anos 60 do XX, foi uma presença constante não apenas nos quadros da literatura francesa, mas da literatura universal.

Primeiro foi a reedição do primeiro volume do *Journal*, em 1996, "estabelecida, apresentada e anotada por Éric Marty", correspondendo aos anos de 1887 a 1925, cuja primeira edição era de 1948, incluindo os anos de 1889 a 1939 e sem nome do editor, apresentação ou notas, trazendo apenas um índice onomástico; no ano seguinte foi a reedição do segundo volume do *Journal*, "estabelecida, apresentada e anotada por Martine Sagaert", indo de 1926 a 1950. (A primeira edição deste segundo volume era de 1954 e, como o primeiro, sem nome de editor, apresentação ou notas, e trazendo as datas de 1939 a 1949.)

Trata-se, como se vê, de uma reedição inteiramente renovada do *Journal*, não apenas pela maior extensão das datas incluídas, como pelo acréscimo valioso das introduções magistrais de Marty e Sagaert, pela inclusão de prestimosas cronologias biobibliográficas e pela abundância e pertinência das notas de esclarecimento.

---

* Publicado na *CULT, Revista Brasileira de Literatura*, Ano IV, n. 38.

MISTÉRIOS DO DICIONÁRIO

Finalmente, em 1999, foi publicado o volume de *Essais critiques*, numa edição "apresentada, estabelecida e anotada por Pierre Masson"[1]. (Diga-se, entre parêntese, que a precedência do trabalho de apresentação sobre o da editoração, à diferença do que ocorria nos volumes do *Journal*, é bem sugestiva: a "Introduction" de Pierre Masson sobre a crítica de Gide é um ensaio exemplar, quer como análise e interpretação do autor e de sua obra crítica, quer como reflexão sobre a crítica literária em geral, tendo um valor em si mesmo e não apenas como peça introdutória.)

O volume traz dois índices principais: o de coletâneas (*recueils*) e o de assuntos (*matières*).

No primeiro, estão as quatro coletâneas de ensaios críticos que foram organizadas e editadas pelo próprio André Gide: *Prétextes, Nouveaux prétextes, Incidences* e *Feuillets d'automne*.

No caso das duas primeiras e da última coletâneas, a divisão é exatamente a mesma daquela que foi adotada pelo autor quando da publicação das coletâneas pela editora Mercure de France: para a primeira, *Deux conférences, Autour de M. Barrès, Lettres à Angèle, Quelques livres, Supplément* e *In memoriam*; para a segunda, *Deux conférences, Chroniques de L'Ermitage, Prétextes, Journal sans dates, Notices* e *Appendice*. Quanto a *Feuillets d'automne*, conservou-se a mesma numeração, sem título, de I a V, da edição original.

Finalmente, a penúltima coletânea, *Incidences*, é reproduzida tal como foi publicada, pela Nouvelle Revue Française, em 1924.

No entanto, onde Pierre Masson exerceu, na verdade, o trabalho de editor foi no que se refere ao segundo índice, aquele concernente à matéria dos ensaios críticos gideanos, buscando, como ele mesmo esclarece, "reconstituir os índices dos assuntos de suas quatro coletâneas principais [...]"[2].

Sendo assim, o segundo índice acolhe três espécies de textos críticos: *Articles*, onde estão, por exemplo, as cartas a Angèle, o ensaio sobre a tradução do *Livro das Mil Noites e Uma Noite*, de Mardrus, que Gide

---

1. André Gide, *Essais critiques*, Édition présentée, établie et annotée par Pierre Masson, Paris, Gallimard, 1999.
2. *Idem*, p. 1291.

tanto admirava pela reconstituição literal e completa do texto árabe, o ensaio em que faz a defesa de Mallarmé contra os ataques sofridos pelo poeta por parte de certos Léon Bocquet e Jean-Marc Bernard, os três artigos sobre "Nacionalismo e Literatura", as famosas *Interviews imaginaires*; *Études*, em que sobressaem os ensaios sobre Dostoiévski, sobre Montaigne, sobre Racine, sobre Stendhal, sobre Goethe, ou as conferências *De l'influence en littérature, Les limites de l'art, De l'importance du public* e *De l'évolution du théâtre* e, por fim, *Hommages*, destacando-se aquelas prestadas a Mallarmé, Oscar Wilde, Conrad, Rilke, Valéry, Malraux, Groethuysen, Artaud e Colette.

E o que significa, para o leitor de hoje, percorrer as mais de mil páginas deste livro?

É possível delas extrair um sentido de leitura, uma figura distinta de crítico, não obstante toda a diversidade de temas e modos de abordagem?

Creio que sim e duas condições, são, a meu ver, essenciais para que se possa atingir tal objetivo: em primeiro lugar, procurar entender o autor no contexto mais amplo da crítica francesa desde, pelo menos, os fins do século XIX, quando ele começou a publicar os seus textos críticos iniciais (o seu primeiro ensaio publicado, "Réflexions sur quelques points de littérature et de morale", é de 1897, ano também de *Les nourritures terrestres*), e marcar a articulação entre tais textos e aquela escritura que ele ia elaborando, quer nas obras propriamente ficcionais, desde *Le traité du Narcisse*, de 1891, quer nas páginas do *Journal* que manteve de 1887 a 1950, às vésperas, portanto, de sua morte em 1951.

No que diz respeito à primeira condição, isto é, a do contexto crítico em que começou a existir, André Gide procurou se definir por entre duas tendências bem marcadas: a da crítica de teor subjetivista de Anatole France e Jules Lemaitre, por exemplo, e aquela dos críticos universitários como Faguet e Brunetière. Ou, como diz Jean Prévost, em texto citado por Pierre Masson:

Gide começou a criticar entre críticos universitários: do tempo de Faguet, de Brunetière, do encantador e horripilante Lemaitre, e de Remy de Gourmont que é um grande universitário desviado. Foi sem dúvida um pouco como reação a eles que ele

MISTÉRIOS DO DICIONÁRIO

assumiu o tom da verdadeira desenvoltura [...]. Quando ele fala do livro de outro, tem-se sempre a impressão de que ele poderia rejeitá-lo [...] se deixasse de encontrar proveito nele[3].

Desta maneira, entre o hedonismo cético de Anatole France ("O bom crítico é aquele que conta as aventuras de sua alma em meio às obras-primas", como está dito em *La vie littéraire*) ou o impressionismo de Jules Lemaitre (foi ele quem cunhou a expressão "crítica impressionista" a partir de sua coletânea de artigos intitulada *Impressions de théâtre*), e o cientificismo de Émile Faguet e de Ferdinand de Brunetière, sobretudo evolucionista no caso deste último, André Gide, leitor assíduo e constante de Sainte-Beuve, busca um compromisso, que o acompanhará para sempre, entre a objetividade do juízo crítico, fundado na prevalência da leitura da obra, e a expressão pessoal que se manifesta pelo gosto e pela escolha idiossincrática.

Neste sentido, é interessante ler o modo pelo qual Gide, não obstante todas as suas restrições ao crítico de *L'Evolution des genres dans l'histoire de la littérature* e dos *Études critiques sur l'histoire de la littérature française*, livro que lia por então, comenta uma observação de Brunetière a respeito da teoria dos três elementos de Taine e que está numa anotação do *Journal* de 13 de junho de 1891, também citada por Masson:

> *La race, le milieu et le moment dit Taine. Et Brunetière objecte: et l'individu? l'idiosyncrasie!!*
>
> *Et cela me plaît, ce que Brunetière objecte, car, ce que je sens le moins en moi c'est la race, et le plus au contraire c'est la très rare idosyncrasie de mon Être[4].*

Era, portanto, tomar o partido daquela *crítica parcial, apaixonada,* idiossincrática, defendida por Baudelaire num dos textos do *Salon de 1846* ("À quoi bon la critique"), com o acréscimo, no caso de André Gide, de que a sua *idiossincrasia* esteve sempre dominada pelos dilemas de ordem moral, herança, sem dúvida, de sua formação puritana e protestante.

---

3. *Idem*, p. XX.
4. Cf. André Gide, *Journal I 1887-1925*, Édition établie, présentée et annotée par Eric Marty, Paris, Gallimard, 1996, p. 131.

A OBRA CRÍTICA DE ANDRÉ GIDE 181

Daí também a preferência por certos autores da tradição literária, em que é mais viva a presença daqueles dilemas, como Corneille, Racine, Goethe, Montaigne, Stendhal ou Dostoiévski, para não falar nos moralistas franceses do século XVII, ou mesmo um filósofo-escritor como Nietzsche, a quem sempre retorna em seus ensaios e aos quais dedica estudos mais demorados e minuciosos. Ou a sua longa e ininterrupta admiração por Sainte-Beuve, para ele, sobretudo, na frase de Gustave Lanson que Gide subscrevia, "um homem a quem o jogo das realidades morais interessou prodigiosamente"[5].

Recusando-se a se alinhar ao cientificismo universitário da época ou aos excessos subjetivistas do ceticismo hedonista, André Gide fazia da leitura simultaneamente uma maneira de refletir acerca de suas idiossincrasias e uma espécie de diálogo com o outro, capaz de objetivamente, através da escrita crítica, ajudá-lo a compreender as suas próprias singularidades.

Havia, portanto, desde os seus inícios (e isto é observado por Masson em seu texto introdutório), uma ansiosa expectativa com relação ao efeito da leitura: inicialmente, nos ouvintes de seu círculo familiar, especialmente na prima e depois mulher Madeleine Rondeaux, que o escutavam em suas leituras em voz alta, ou em si mesmo quando ouvia as leituras paternas de Homero, de Molière, da Bíblia ou das histórias de Sherazade, e posteriormente, quando, através do ensaio crítico ou das anotações no *Journal*, buscava expressar as suas próprias reações advindas da leitura das obras de outros.

Neste sentido, é possível dizer que, assim como muitos dos mais instigantes ensaios de seu amigo fraterno de uma vida inteira, Paul Valéry, estão, por assim dizer, encapsulados nas meditações intermináveis dos *Cahiers*, os ensaios críticos de André Gide, em especial a sua qualidade mais íntima, isto é, a análise da obra do outro e simultaneamente de si

---

5. Cf. Gustave Lanson, *Histoire de la littérature française. Remaniée et complétée pour la période 1850-1950 para Paul Tuffrau,* Paris, Librairie Hachette, 1955, p. 1042. O texto completo de Lanson, que tem tudo para ter impressionado Gide, é o seguinte: "En réalité, Sainte-Beuve, se couvrant de quelque dessein scientifique, a poursuivi son plaisir. Et ce plaisir, c'était le spectacle de l'individu vivant. Il n'y a pas tant à raffiner sur son cas: c'est un homme que le jeu des réalités morales a prodigieusement intéressé".

mesmo, estão previamente delineados ou suscitados pelas anotações do *Journal*, sobretudo pela imbricação entre existência e leitura que as singulariza.

Para André Gide, deste modo, a crítica é necessariamente leitura e análise dos efeitos da leitura: seja no sistema mais amplo da literatura, quando o crítico é chamado a situar a obra em relação a outras obras, seja nas modificações exercidas sobre o leitor, com todas as conseqüências morais, psicológicas ou propriamente artísticas daí advindas.

Por outro lado, na melhor tradição da literatura pós-simbolista, e o que constitui uma das marcas da modernidade (basta pensar no que ocorre com a obra de Marcel Proust ou a de James Joyce), este veio crítico, que se manifesta no *Journal* e que se cristaliza nos ensaios que começou a publicar nos anos 90 do século XIX, informa também, e de modo estrutural, as obras de ficção pelas quais André Gide teve o seu lugar assegurado entre os escritores franceses mais conhecidos internacionalmente e que chegou a lhe valer o Prêmio Nobel de 1947.

Na verdade desde os vinte anos quando se experimenta na arte da ficção criando os *Cahiers d'André Walter*, e simultaneamente vai escrevendo as primeiras páginas do *Journal*, Gide cria o espaço em que é possível confundir ficção e crítica pela intermediação da leitura: os cadernos do personagem narrador, que muito deve à leitura do *Werther* goethiano, é um modo, que o próprio André Gide vai levar à perfeição com *Les faux monnayeurs*, de 1926, de fazer do *caderno de escritor* uma reflexão crítica sobre a própria composição da obra em que ele se inclui.

Mas isto, ainda que de maneira incipiente, já estava nos textos iniciais em que, para dizer assim, ajustava contas com a sua herança simbolista: *Le traité du Narcisse*, em que é evidente a sombra de Mallarmé e de Valéry, a quem o texto é dedicado, e *Le voyage d'Urien*, intrincada leitura ficcional tanto do Edgar Poe, de *Arthur Gordon Pym*, quanto do Rimbaud, de *Le bateau îvre* ou mesmo, como lembra George D. Painter em sua biografia de Gide, do Jules Verne de *Vingt mille lieues sou les mers*[6].

---

6. Cf. George D. Painter, *André Gide*, traduit de l'anglais par Jean-René Major, Paris, Mercure de France, 1968, p. 37.

A OBRA CRÍTICA DE ANDRÉ GIDE 183

Deste modo, se, por um lado, a ficção é também resultado de uma convergência de leituras (de si e dos outros), a crítica de autores, obras ou problemas é, por outro, uma espécie de catalisação da experiência ficcional que, em nenhum momento, deixa de se fazer repercutir por entre as filigranas da prosa ensaística.

Sem a segurança mais ou menos forçada das teorias ou das teses científicas, assim como sem a entrega sem culpa ao hedonismo da leitura, a prosa ensaística de André Gide, experimentada desde os fins do século XIX e atravessando os escombros das duas guerras mundiais, busca na literatura aquilo que uma personalidade estilhaçada como a sua está, para sempre, condenada a procurar nos fragmentos ideológicos de seu tempo.

Neste sentido, e não somente neste, André Gide esteve no olho do furacão: basta pensar nas formas do ensaio existencialista que lhe foram contemporâneas, as de um Sartre e, sobretudo, as de um Camus. Formas que faziam o ensaio encontrar-se consigo mesmo na irresolução enriquecedora decorrentes de tensões e buscas entre ficção e crítica.

Mais um passo e estaremos falando de Borges e de suas *ficciones*: é preciso ler e reler André Gide.

12

Poesia e Pensamento (Concreto)*

PARA OS QUE NÃO O LERAM, é preciso dizer que o título desta coluna é uma alusão ao ensaio de Paul Valéry, "Poésie et pensée abstraite", de 1939, inicialmente uma conferência na Universidade de Oxford e depois incluído em *Varieté V*, de 1944, e que pode ser lido na coletânea do poeta *Variedades*, publicada, em português, pela Editora Iluminuras, em 1991 e reeditada em 1999.

E por que este título alusivo?

Antes de mais nada porque, naquele ensaio, Valéry, que sempre reclamara da não-existência, na poesia francesa, de uma poesia, como a de Lucrécio ou Dante, que apontasse para a convergência entre poesia e pensamento, não obstante as suas próprias conquistas em poemas como *La jeune parque* e em alguns de *Charmes*, buscava refletir sobre as relações tensas entre poesia e pensamento, almejando romper com a dicotomia tradicional que via, e vê, no par poesia-pensamento uma oposição radical. Ou, como ele mesmo diz logo no início do ensaio:

> Freqüentemente opõe-se a idéia de Poesia à de Pensamento e, principalmente, de "Pensamento Abstrato". Fala-se em "Poesia e Pensamento Abstrato" como se fala no Bem e no Mal, Vício e Virtude, Calor e Frio. A maioria acredita, sem muita reflexão,

---

* Publicado na CULT, *Revista Brasileira de Literatura*, Ano IV, n. 39.

que as análises e o trabalho do intelecto, os esforços de vontade e de exatidão em que o espírito participa não concordam com essa simplicidade de origem, essa superabundância de expressões, essa graça e essa fantasia que distinguem a poesia, fazendo com que seja reconhecida desde as primeiras palavras.

E, como sempre, para Valéry, a questão está em esclarecer o que se está chamando, por um lado, de poesia e, por outro, de pensamento e de que modo é possível pensar numa articulação entre os dois. É o que chama de *"nettoyage de la situation verbale"* que se traduziu, na edição brasileira, por "limpeza da situação verbal", isto é, uma aproximação, por assim dizer, desconfiada às palavras utilizadas para marcar aquela articulação.

É esta desconfiança que encaminha a reflexão de Valéry para uma análise da própria linguagem que viabilizaria a nomeação seja da poesia, seja do pensamento.

O fato é que, destacada para exame, a palavra, tão confiantemente utilizada pela linguagem corrente, parece perder a sua identidade habitual ou, como diz o próprio Valéry, "torna-se magicamente problemática, introduz uma resistência estranha, frustra todos os esforços de definição [...]. Era apenas um meio e ei-la transformada em fim, transformada no objeto de um terrível desejo filosófico".

No primeiro caso, que é, para Valéry, aquele dos empregos práticos e abstratos da linguagem, "a forma, isto é, o físico, o sensível e o ato mesmo do discurso não se conserva; não sobrevive à compreensão; desfaz-se na clareza; agiu; desempenhou sua função; provocou a compreensão; viveu".

No segundo, entretanto,

[...] tão logo essa forma sensível adquire, através de seu próprio efeito, uma importância tal que se imponha e faça-se respeitar; e não apenas observar e respeitar, mas desejar e, portanto, retomar – então alguma coisa de novo se declara: estamos insensivelmente transformados e dispostos a viver, a respirar, a pensar de acordo com um regime e sob leis que não são mais de ordem prática – ou seja, nada do que se passar nesse estado estará resolvido, acabado, abolido por um ato bem determinado.

Deste modo, para o poeta, aquilo que ele chama de *universo poético*, isto é, aquele em que as palavras são adequadas à criação de *estados poéticos* que podem, ou não, vir a ser configurados em poemas, é constituído precisamente pelo desejo de realizar a passagem daquele nível de compreensão que caracteriza a linguagem em suas funções práticas ou abstratas para um outro – o propriamente poético – em que, ao contrário daquele, "o poema não morre por ter vivido: ele é feito expressamente para renascer de suas cinzas e voltar indefinidamente a ser o que era". Daí a iluminada e luminosa conclusão: "A poesia reconhece-se por esta propriedade: tende a se fazer reproduzir em sua forma, excita-nos a reconstituí-la identicamente".

Mais adiante, Valéry utiliza a imagem de "um pêndulo que oscila entre dois pontos simétricos" para tratar das relações entre poesia e pensamento:

> Suponham que uma dessas posições extremas representa a forma, as características sensíveis da linguagem, o som, o ritmo, as entonações, o timbre, o movimento – em uma palavra, a *Voz* em ação. Associem, por outro lado, ao outro ponto, ao ponto conjugado do primeiro, todos os valores significativos, as imagens, as idéias; as excitações do sentimento e da memória, os impulsos virtuais e as formações de compreensão – em uma palavra, tudo o que constitui o *conteúdo*, o sentido de um discurso [...].
>
> Entre a Voz e o Pensamento, entre o Pensamento e a Voz, entre a Presença e a Ausência, oscila o pêndulo poético.

Deste modo, não se trata, para Valéry, de estabelecer uma relação entre poesia e indagação filosófica, por onde se possa falar de *poetas filósofos*, de *poesia filosófica* ou de expressões semelhantes.

As articulações entre poesia e pensamento se dão no concreto da própria composição poética, isto é, no poema como oscilação contínua entre a voz e o pensamento, segundo os seus termos.

Neste sentido, o poeta será um pensador não porque seja o porta-voz de uma sistema "filosófico" mas porque seja capaz de refletir acerca daquelas articulações na efetivação do poema.

Por isso mesmo, não é indispensável a existência do poema longo, como aqueles de Dante e de Lucrécio, citados por Valéry, para que se descortine aquelas relações.

MISTÉRIOS DO DICIONÁRIO

Assim, por exemplo, num poema de apenas seis versos de Murilo Mendes, do livro *Poesia Liberdade*, é possível perceber a intensidade das oscilações entre voz e pensamento, para insistir nos termos valeryanos, por onde a abstração termina por se traduzir no concreto da estrutura textual. O poema intitula-se "Algo":

> O que raras vezes a forma
> Revela.
> O que, sem evidência, vive.
> O que a violeta sonha.
> O que o cristal contém
> Na sua primeira infância.

Servindo como uma definição para o seu título, mas uma definição construída sobre um paradoxo (aquilo que se diz é o que não está dito), o pequeno texto busca a essencialidade por entre manifestações da existência (vida, violeta e cristal) que, por sua vez, são, por assim dizer, reduzidas a situações mínimas de realidade: é a vida *sem evidência*, é o *sonho* da violeta e é o cristal *primevo*. Todas sentidas e, mais do que isso, *pensadas*, por aquela forma, cuja ação é destacada no segundo verso, mas que só ocasionalmente, num golpe de dados que pudesse vencer o acaso, é empolgada, ou *revelada*, pela voz que a enuncia.

Sendo assim, pode-se afirmar que o poema de Murilo Mendes é aquilo que está entre a configuração verbal, em que se destaca a repetição que acentua uma semântica de subtração, e a reflexão sobre os seus próprios significados que exigiu e impôs aquela configuração.

No poema de Murilo Mendes, a relação entre poesia e pensamento abstrato faz-se consistente pela efetivação do poema.

O mesmo se poderia dizer acerca de alguns poemas de João Cabral (e penso quer no "abstrato" "Uma Faca só Lâmina", quer no "concreto" "O Cão sem Plumas"), de Manuel Bandeira ou de Carlos Drummond de Andrade, sobretudo o de "A Máquina do Mundo", do livro *Claro Enigma*.

É precisamente a partir de um diálogo com este último poema (e também com Dante e, sobretudo, Camões) que Haroldo de Campos volta (principalmente depois do "Finismundo: A Última Viagem", dos inícios

POESIA E PENSAMENTO (CONCRETO)

da década passada, sem contar as suas viagens de transcriador por poemas bíblicos e homéricos) ao poema longo, publicando *A Máquina do Mundo Repensada*[1].

A partir mesmo de seu título, o longo poema de 152 estrofes de três versos, mais uma estrofe de apenas um verso inconcluso, em *terza rima*, (o segundo verso de cada estrofe rima com o primeiro e o terceiro da estrofe seguinte), de ritmo decassilábico, se propõe como exercício dialógico em que a tópica da *máquina do mundo*, por ser *repensada*, envolve utilizações poéticas anteriores.

Dividido em três partes, ou cantos, se se quiser, o poema, aludindo logo na abertura ao poeta da *Comédia* ("quisera como dante em via estreita/ extraviar-me no meio da floresta/ entre a gaia pantera e a loba à espreita") embora já nas duas estrofes seguintes convoque termos e imagens que o localizam em experiência mais próxima do poeta, sertões e veredas ou onça pintada que equivale à pantera e à loba dantescas, tornando presente a herança da linguagem de João Guimarães Rosa, cria um espaço de leitura para aquelas utilizações que funciona como elemento de articulação entre a poesia possível e a ação de pensar, ou repensar, os seus termos.

Termos problematizados pela experiência pessoal de desânimo e quase desistência, como está, sobretudo, nas sexta e sétima estrofes:

6.1. transido e eu nesse quase – (que a tormenta
2. da dúvida angustia) – terço acidioso
3. milênio a me esfingir: que me alimenta

7.1. a mesma – de saturno o acrimonioso
2. descendendo – estrela ázimo-esverdeada
3. a acídia: lume baço em céu nuvioso.

E é, sem dúvida, esta problematização que viabiliza, porque torna presente e, por isso mais próximo, o processo lírico por entre as anotações narrativas das três partes do poema. Uma espécie de fratura que desestabiliza o rigor épico do texto, fazendo ecoar por todo o poema a declara-

---

1. Haroldo de Campos, *A Máquina do Mundo Repensada*, São Paulo, Ateliê Editorial, 2000.

ção de desejo com que ele se inicia: *quisera*. Desejo de poema que possa ultrapassar a sombria condição de abatimento, como está nas estrofes transcritas, e, ao mesmo tempo, de compreensão e de explicação daquilo que foi também desejo em discursos poéticos anteriores.

Assim, na primeira parte, logo se identifica o objeto de desejo pela leitura daquilo que foi ou impossibilidade pela superabundância de luz no caso do *Paradiso* ou dádiva ofertada pela deusa a Vasco da Gama, como está na estrofe LXXX do canto X de *Os Lusíadas*. Ou, nos versos de Haroldo de Campos:

> 12.1. – quisera tal ao gama no ar a ignota
> 2. (camões o narra) máquina do mundo
> 3. se abrira (e a mim quem dera!) por remota

> 13.1. mão comandada – um dom saído do fundo
> 2. e alto saber que aos seres todos rege:
> 3. a esfera a rodar no éter do ultramundo.

E tudo aquilo que se revela ao Gama pela visão da máquina ocupa, inicialmente, pelo menos, quatro estrofes (14-17), quando é, então, interrompida por outras quatro (18-21) em que surge a presença de Carlos Drummond de Andrade ("ao capitâneo arrojo em prêmio aberta/ – drummond também no clausurar do dia/ por estrada de minas uma certa") para ser novamente interrompida durante onze estrofes de leitura da visão do Gama, quando então é retomada em chave de oposição:

> 32.1. pois à máquina de astros que a seu giro
> 2. orbes sobre-regula o marinheiro
> 3. – almirante rendeu-se qual se um tiro

> 33.1. de mágico pelouro por inteiro
> 2. o pasmasse: já o poeta drummond duro
> 3. escolado na pedra do mineiro

> 34.1. caminho seco sob o céu escuro
> 2. de chumbo – cético entre lobo e cão –
> 3. a ver por dentro o enigma do futuro

POESIA E PENSAMENTO (CONCRETO)

35.1. incurioso furtou-se e o canto-chão
2. do seu trem-do-viver foi ruminando
3. pela estrada de minas sóbrio chão.

É, por outro lado, notável como, nas quatro últimas estrofes desta primeira parte, o poeta singulariza a experiência do poeta brasileiro por entre aqueles poetas (leia-se Dantes e Camões) que "viram no ROSTO o nosso se estampando":

37.1. minto: menos drummond que ao desengano
2. de repintar a neutra face agora
3. com crenças dessepultas do imo arcano

38.1. desapeteceu: ciente estando embora
2. que dante no regiro do íris no íris
3. viu – alcançando o topo e soada a hora –

39.1. na suprema figura subsumir-se
2. a sua (e no estupor se translumina)
3. – e que camões um rosto a repetir-se

40.1. o mesmo em toda parte viu (consigna)
2. drummond minas pesando não cedeu
3. e o ciclo ptolomaico assim termina...

Não obstante, o último verso do poema de Haroldo de Campos, aquele inconcluso e isolado verso já referido e que, por isso mesmo, assume um papel fundamental no texto, em que o primeiro signo parece ser a figuração da procura infinita, uma vez que o último o retome ("O nexo o nexo o nexo o nexo o nex"), ecoa, para o leitor atento, como um comentário, o último, ao poema de Drummond na passagem em que a voz da máquina do mundo oferta maravilhas:

....
....
O que procuraste em ti ou fora de

teu ser restrito e nunca se mostrou,
mesmo afetando dar-se ou se rendendo,
e a cada instante mais se retraindo,

olha, repara, ausculta: essa riqueza
sobrante a toda pérola, essa ciência
sublime e formidável, mas hermética,

essa total explicação da vida,
esse nexo primeiro e singular
que nem concebes mais, pois tão esquivo

se revelou ante a pesquisa ardente
em que te consumiste... vê, contempla,
abre teu peito para agasalhá-lo.

Mas para chegar a esse "pranto primordial: primeiro nexo", como está dito na quinta estrofe da última parte do poema, o leitor tem que passar pela glosa da física cosmogônica da segunda, de acordo com o traçado do próprio poeta, num movimento solidário de dúvidas e buscas, expondo-se às frustrações ilimitadas do horizonte humano e também recolhendo as alegrias do entrever nexos e conexões.

E para isso, e para um poeta contemporâneo que de sua contemporaneidade lê a tradição das leituras, como é o caso de Haroldo de Campos, repensar a *máquina do mundo* será obrigatoriamente indagar pela máquina do poema que concretiza as articulações entre poesia e pensamento.

Daí os últimos e admiráveis versos inquisitivos do poema:

151.1. finjo uma hipótese entre o não e o sim?
     2. remiro-me no espelho do perplexo?
     3. recolho-me por dentro? vou de mim

152.1. para fora de mim tacteando o nexo?
     2. observo o paradoxo do outrossim
     3. e do outronão discuto o anjo e o sexo?

13

Poeta ao Sul*

Desde o seu título, este primeiro livro de poemas do gaúcho Eduardo Sterzi revela uma personalidade afirmativa e decidida por entre as inumeráveis opções que, sobretudo a um jovem escritor, oferecem os caminhos da poesia.

É como se a escolha do título apontasse para uma recusa fundamental e, aparentemente, e só aparentemente, paradoxal: a de uma poesia, para dizer com João Cabral, em sua crítica a uma certa poesia cultivada em sua geração, de *dados sutilíssimos*, marcada por uma semântica aprioristicamente "poética" (e aqui as aspas são indispensáveis).

Uma semântica que, *a posteriori*, vem dar fatalmente na inevitável redundância de uma poesia sem crispações, nem surpresas. Uma poesia que não se define pela experiência de cada poema, mas que se quer existindo apenas por aquilo que Valéry gostava de chamar de "estado poético".

E embora não se queira obliterar a existência de tal *estado*, nem, por outro lado, a possibilidade de atingir a expressão daqueles *dados*, a questão está numa negação ou aceitação do poético independentemente do poema enquanto objeto construído.

---

* Publicado na *CULT, Revista Brasileira de Literatura*, Ano IV, n. 47.

A poesia não existe antes do poema e somente depois dele é que se poderá avaliar a intensidade e o acerto das relações entre o *estado poético* e os *dados sutilíssimos* acaso por ele veiculados. Ou, para dizer com Octavio Paz, no que se refere à significação possível a ser extraída do poema:

> As verdadeiras idéias de um poema não são as que ocorrem ao poeta *antes* de escrever o poema, mas as que *depois*, com ou sem sua vontade, se depreendem naturalmente da obra. [...] A significação não é aquilo que quer dizer o poeta mas o que efetivamente diz o poema[1].

Deste modo, a recusa do "poético" (de novo, as aspas são aqui indispensáveis) não implica a negação da poesia mas apenas daquela concepção que a entende como anterior à efetivação do poema e não sua decorrência.

A utilização de *prosa* no título do livro de Eduardo Sterzi, portanto, tendo a ver com todo esse movimento de recusa, tem um alcance teórico e histórico muito mais amplo se se pensa naquele deslocamento sofrido pela própria poesia e que foi registrado sobretudo por Hegel quando, em sua *Estética*, estabelecia um confronto entre a idade da poesia dos antigos, ilustrada pela épica de Homero e Virgílio, por exemplo, e a idade da prosa dos modernos, a sua própria época, representada pela predominância da narrativa.

Ou, para utilizar as palavras do crítico Erich Heller, num ensaio precisamente intitulado "O Poeta na Idade da Prosa", comentando Hegel:

> A idade da prosa: isto significava, para ele, que a prosa tornara-se o modo reinante de percepção. Compreensão é compreensão prosaica. Nossa ciência é, claro, escrita em prosa, e isto implica não meramente uma maneira de escrever, mas um estilo de compreensão, e prosa é nossa psicologia, nossa economia, nossa sociologia – todos os nossos esforços de inteligentemente apreender a natureza do mundo[2].

Nessa *idade*, portanto, escreve-se *em* prosa e escreve-se *poesia* – sem a preposição modal e com isto destacando-se o seu caráter de construção artificiosa em relação à comunicação verbal.

---

1. Octavio Paz, "Forma y Significado", *Corriente Alterna*, México, Siglo veintiuno editores, 1967, pp. 7-8.
2. Erich Heller, "The Poet in the Age of Prose", *In the Age of Prose. Literary and Philosophical Essays*, Cambridge, Cambridge University Press, 1984, p. 3.

POETA AO SUL

Por isso mesmo, e basta ver o que ocorre desde, pelo menos, Baudelaire, a poesia assume uma incômoda marginalidade como maneira de compreensão e descrição da realidade. Ou, novamente citando Erich Heller:

> Para novamente deixar passar a poesia, ela tem de ser tomada à parte e tornada incompreensível, intocável, pela compreensão prosaica. Porque o que pode ser compreendido não parece valer a atenção poética[3].

Segundo Heller, do entendimento deste momento da poesia numa *idade da prosa* é que depende a leitura daqueles poetas por ele mencionados em seu ensaio – Yeats, George, Hofmannsthal, Benn, Valéry, sobretudo Rilke, e, um pouco anteriormente, Mallarmé e Rimbaud –, todos eles "criadores de poesia 'absoluta', poesia 'pura', o tipo de poesia que florescia nas brechas e abismos que os próprios poetas sentiam existir entre sua obstinação poética e a 'vida', a vida prosaica da época"[4].

É este, sem dúvida, o sentido com que se tem pensado acerca da poesia da modernidade, embora dele não se descarte uma certa prosa moderna (vide Kafka, Proust, Joyce ou Guimarães Rosa) em que os valores da prosa ficam limítrofes aos da poesia. O inverso também ocorre: basta pensar em algumas fecundas experiências, como as do chamado *poema em prosa*, em que se destacam as de Baudelaire dos textos de *Le spleen de Paris*.

Seja como for, e isto é fundamental para o nosso caso, a assunção da prosa por um poeta, no próprio trabalho com a poesia, indicia, sobretudo, uma relação, que se diria irônica, para com os valores aprioristicamente poéticos.

Há, portanto, uma maneira, talvez mais sutil, de pensar a relação entre o poeta e a prosa, além daquelas mais graves, já assinaladas, e que foram sistematizadas a partir da *Estética* de Hegel.

É o caso, por exemplo, do que é possível ler na obra pós-modernista de alguns poetas brasileiros, como Manuel Bandeira, Carlos Drummond de Andrade ou Murilo Mendes, sobretudo em três obras surgidas em 1930 (*Libertinagem, Alguma Poesia* e *Poemas*, respectivamente), em que valores da prosa são recursos indispensáveis para deixar passar a poesia ainda

---

3. *Idem*, p. 19.
4. *Idem, ibidem*.

possível, por entre os traços de humor e de ironia que servem ao poeta como elementos básicos para a compreensão e descrição da realidade.

Obras que levavam adiante alguns dos termos essenciais das conquistas de nosso Modernismo, sobretudo o caráter de libertação e de pesquisa que eram axiomas fundamentais nas poéticas de um Oswald ou Mário de Andrade, e, ao mesmo tempo, deixavam-se impregnar pelas experiências particulares de cada um dos poetas, envolvendo matérias de memória e história que, depois, iriam especificar cada um dos autores em suas obras sucessivas.

E levavam adiante sobretudo por não se desfazerem daquilo que havia sido conquista anterior em relação ao fazer poético, isto é, a consciente e trabalhosa construção do poema, agora admitindo outros valores que, aparentemente, e só aparentemente (para repetir uma expressão utilizada de início) contrariavam os poéticos da tradição, a não ser que, para estes, sejam utilizadas aspas para a sua designação.

Deste modo, volta-se ao princípio: o uso de *prosa* no título do livro de Eduardo Sterzi é, sem dúvida, um gesto afirmativo e decidido de quem opta pelo poético sem aspas, quer dizer, por uma poesia de recusa ao que de "poético" (agora com aspas) possa existir no poema. Por isso, como se afirmou, só aparentemente paradoxal. E, ao contrário, responsável por tudo o que há de arriscado no jogo poético numa *idade da prosa*. O que inclui desde o peso da tradição da poesia até a possibilidade de sua significação no momento em que escreve o poeta.

E estes são aspectos que necessariamente ocorrem a quem lê o livro de Eduardo Sterzi e sem os quais, a meu ver, a sua leitura não se completa.

Aspectos que se revelam, por exemplo, nas numerosas epígrafes que acompanham as partes centrais do livro que, por si mesmas, permitem uma leitura enviesada da tradição poética em que se inscreve o autor.

A começar por aquela que serve de abertura ao livro, versos extraídos de Paul Celan, o poeta do desespero, mas não da desesperança poética, tal como se revela na tradução de Eduardo Sterzi:

> (ainda há
> canções a cantar além
> dos homens)

Foi adequado o uso desta epígrafe como abertura do livro: as suas quatro partes centrais (existe uma quinta que, segundo o próprio poeta, funciona como espécie de memento de sua formação, a que voltaremos) apontam para uma poesia *en abîme*, tal como a de Celan, em que a possibilidade da poesia numa *idade da prosa* é, a todo momento, o recurso irônico para a afirmação de que "ainda há / canções a cantar além / dos homens".

As modalizações deste recurso percorrem as cinco partes do livro: seja o corte metalingüístico que está, sobretudo, na primeira, seja a leitura mítica da segunda, seja a topográfica da terceira ou mesmo, com menor intensidade, a lírico-erótica que está na quarta.

Na primeira parte, por exemplo, o poema com que ela se inicia, "Música", ao mesmo tempo que registra a tensão fundamental entre o desejo de poesia e sua impossibilidade ("a musa voluptuosa / pede passagem // e lhe damos – prosa:"), afirma a prevalência de certas imagens que orbitam em torno da negatividade ("gás lacrimogêneo, / luto, melancolia // estrofe, catástrofe, catarse:") para terminar pela rasura da própria palavra, traduzindo, por saturação, a epígrafe de Mallarmé ("*Rien, cette écume, vierge vers*") com que o poema, mais do que terminar, se desfaz:

> deposita-se, linear
> (limpa e suja como um verso),
> pela praia pedregosa da palavra
> – esta espuma.

Assim também nos dois poemas que compõem a segunda parte do livro, os fragmentos de uma mitologia para sempre desfeita, mas não esquecida, são apanhados como cacos de cultura.

No primeiro caso, no poema "Bullockbefoeing Bard", numa espécie de figuração à Felini de deuses degradados, como está nas duas estrofes seguintes:

> Quem diria... Eram deuses,
> mas, coitados, decaíram:
> sim, habitués do Olimpo,

se transformaram nisso!
Blush, pó-de-arroz nas rugas –
velhas atrizes de um filme.

No segundo, "Diálogo de Surdos", sob a epígrafe do T. S. Eliot de *The Waste Land*, em que a suprema ironia está em dizer que aquilo que o cego Tirésias vê "é a substância do poema", trata-se de reler o mito de Édipo pela intervenção, degradada, de uma pulga, cômica tecelã de um destino inelutável, com quem a personagem mitológica dialoga como que num espaço antes de Luciano do que de tragédia clássica.

Vale a pena ler alguns trechos do poema, sobretudo atentando para a eficácia com que Eduardo Sterzi dobra o sublime mitológico através de um discurso rebaixado. Sejam as seguintes estrofes:

....
....
Surda, uma pulga finge

ouvir meu grito: "Cresce
logo, triste fedelho!
Hoje, pões banca. Ao fim,

gemerás". "Mas que péssima
vidente... Sou rebento
de outra casa. Restringe-te

àquilo que conheces".
"Ninguém conhece – tonto!... –
sequer a si mesmo. Íntima

de mim não sou. Adverso
de ti tu és. Teu trono
treme, mas não por mim:

por tua sina". Quem
suspenderia o sono
por uma pulga assim.

Repita-se: o que permite este sábio exercício de degradação é tanto o rigor compositivo dos versos quanto a ruptura do poético pela presença

POETA AO SUL

insidiosa da prosa que, sem deixar prevalecer os vestígios de um poético por antecipação, instaura, sobretudo pela ironia, uma outra, surpreendente e arriscada, poeticidade.

É o que é fácil de constatar também pela leitura dos poemas, por assim dizer, topográficos, da terceira parte, em que a presença de espaços europeus são preenchidos pelas leituras de linguagens da tradição poética, sejam as de Stefan George, Dante ou Yeats, consumidas entre a experiência concreta do viajante e o distanciamento crítico que a opção irônica pela prosa possibilita.

Destaque-se, nesta parte do livro, o extenso poema "Fuga de Bizâncio", por onde passa, sem dúvida, a sombra de W. B. Yeats, mas onde, sobretudo, é possível avaliar aquela articulação positiva, já tantas vezes referida, entre uma poética de recusa e de risco, capaz de travar a ingênua expressão, e a dolorosa consciência dos limites e possibilidades da poesia numa *idade de prosa.*

E basta um poema como "Exegese", da quarta parte do livro, para mostrar de que maneira uma lírica erótica sai ganhando, por entre os desgastes inevitáveis do tópico, por sua, por assim dizer, despoetização:

Interpreto o teu corpo,
descerro a castanha do metacarpo
em flor, tempestade e sensação.

Ouço o martelar dos cascos
sobre o zinco da vontade.

Sinceramente, estou morto.

Poeta –

o que não tem palavras.

Este último verso serve de passagem para uma ou duas palavras sobre a última parte do livro, aquela que, reunindo textos compostos entre 1988 e 1995, o poeta descreve como memento de sua trajetória ou "testemunhos do aprendizado", como ele mesmo diz numa das "notas do autor" finais. E é ainda nesta nota que ele observa que os poemas reunidos nesta última parte do livro são resultados de uma, para usar suas próprias palavras, "excessiva dependência aos modelos encontrados na obra de Augusto de Campos, que li e estudei e imitei com devoção".

Se, de fato, o modelo de Augusto de Campos é evidente nos poemas ali reunidos, nisto não vejo nada de negativo, pois, se é fruto de aprendizado, não poderia ter escolhido melhor professor.

Não apenas um mestre da utilização de recursos visuais no poema, mas uma espécie de não-poeta (e esta última palavra deveria vir entre pesadas aspas), cuja obra é exemplar como recusa a tudo aquilo que, de contrabando, pretenda passar por poesia.

Uma lição que o livro de Eduardo Sterzi dá provas cabais de ter assimilado.

14

A Volta de Aldous Huxley*

Entre os anos 20 e 40 do século passado, seja como romancista, seja como ensaísta, Aldous Huxley (1894-1963) foi uma presença constante nas letras e não somente as de língua inglesa: as suas obras eram traduzidas em todos os lugares e é mesmo difícil dizer onde não foram vertidos, por exemplo, romances como *Point Counter Point*, de 1928, ou *Brave New World*, de 1932.

E se nos anos correspondentes à Segunda Guerra Mundial a sua obra assumiu um direcionamento sobretudo social e moral, amenizando-se o traço satírico e mesmo cáustico de seus primeiros textos dos anos 20, e é o caso de livros de ensaios como *Ends and Means*, de 1937, ou a antologia comentada *The Perennial Philosophy*, de 1946, ou ficções como *Eyeless in Gaza*, de 1936, *After Many a Summer Dies the Swam*, de 1939, *Time Must Have a Stop*, de 1944, e *Ape and Essence*, de 1948, já nos anos 50, sobretudo depois da publicação de duas obras, *The Doors of Perception*, de 1954, e *Heaven and Hell*, de 1956, relatos de experiências visionárias e com drogas alucinógenas, Aldous Huxley transformou-se numa espécie de guru da contracultura a ponto do título daquele livro de 1954 servir de inspiração para nomear a banda famosa de roque de Jim Morrison, *The*

---

* Publicado na *CULT, Revista Brasileira de Literatura*, Ano V, n. 48.

Doors. (Anote-se, entre parêntese, que, em 1977, foi publicada uma antologia de textos do autor sobre tais experiências, datados desde 1931 (é o caso de *A Treatise on Drugs*), compilados e editados por Michael Horowitz e Cynthia Palmer, intitulada *Moksha*, nome de uma droga à base de fungo, presente em seu último livro de ficção, *Island*, de 1962, contraparte da *Soma*, droga onipresente em *Brave New World*, por onde se pode perceber que o interesse pelas drogas como instrumentos para abrir e ampliar *as portas da percepção* é bastante mais antigo do que se possa imaginar.)

Foi tão forte o impacto causado por tais experiências que, quando morreu, em 1963 (e no mesmo dia do assassinato do presidente Kennedy), a sua posteridade como escritor e intelectual parecia definitivamente marcada por elas, embora algumas publicações a seu respeito aparecidas quando do centenário de seu nascimento, em 1994, apontassem para a necessidade de uma reconsideração mais ampla de sua posição nas letras inglesas a partir de uma leitura renovada de suas obras.

E embora os seus livros jamais tenham deixado de ser reeditados, e mesmo no Brasil, amplamente traduzidos e publicados pela Editora Globo nos anos quarenta e cinqüenta (e pela mesma editora e por outras em anos recentes), a publicação, no ano passado, dos dois primeiros volumes, de uma série de seis, de seus *Complete Essays* representa um momento fundamental naquele processo de reconsideração.

Estes dois volumes, contendo mais de mil páginas, editados com comentários por Robert S. Baker e James Sexton, e publicados por Ivan R. Dee, de Chicago, correspondem aos anos de 1920-1925 (o primeiro) e 1926-1929 (o segundo) e incluem textos antes coligidos em *On the Margin: Notes and Essays*, de 1923, *Along the Road: Notes and Essays of a Tourist*, de 1925, para o primeiro volume, e em *Jesting Pilate: An Intellectual Holiday (The Diary of a Journey)*, de 1926, *Proper Studies*, de 1927, e *Do What You Will*, de 1929, para o segundo volume.

Deste modo, os ensaios agora reunidos correspondem à atividade do escritor nos anos 20, quando também publicou os seus quatro primeiros romances, *Crome Yellow*, de 1921, *Antic Hay*, de 1923, *Those Barren Leaves*, de 1925, e *Point Counter Point*, de 1928, além de seus *Selected Poems*, de 1925, e o volume de poemas *Arabia Infelix and Other Poems*, de 1929.

Não se pense, entretanto, que a reunião dos *Complete Essays* se reduz à republicação dos volumes de ensaios anteriormente mencionados. Se, de fato, os cinco livros dos anos 20 estão ali reproduzidos, eles se completam com uma generosa seleção de numerosos textos publicados por Aldous Huxley em, pelo menos, três revistas de grande circulação na época: *The Athenaeum*, a famosa publicação dirigida por John Middleton Murry e que teve T. S. Eliot entre seus colaboradores, onde manteve uma coluna intitulada *Marginalia* e para a qual escreveu, segundo os editores dos *Complete Essays*, mais de duzentos artigos e resenhas; *Vanity Fair*, para a qual escreveu numerosos textos de assuntos variados, sobretudo acerca de artes visuais e *The Weekly Westminster Gazette*, de que foi crítico musical.

Por outro lado, os ensaios são agrupados tematicamente, trazendo ao fim o local da primeira publicação.

Sendo assim, o primeiro volume é dividido em quatro partes: a primeira reunindo textos que tratam de arquitetura, pintura e literatura; a segunda, de música; a terceira, de história, política e crítica social e a quarta, de viagem.

Também em quatro partes é dividido o segundo volume: uma primeira, com textos sobre arquitetura, pintura, música e literatura; a segunda, sobre história, política e crítica social; a terceira sobre ciência, filosofia e religião, e a quarta sobre viagem.

A amplitude temática dos ensaios reunidos, indo desde as artes até a filosofia, a ciência, a religião, a história e a política, corresponde ao próprio modo de ser do ensaísmo huxleyano.

Um modo de ser que tem, entre suas características, uma completa ausência de especialização e, por isso mesmo, de qualquer caráter didático, o que o aproxima, de maneira flagrante, à tradição do *familiar essay*, isto é, daquele veio do ensaio firmemente radicado na própria tradição inglesa.

Um tipo de ensaio que, apelando para a experiência pessoal não só do escritor como do possível leitor, escolhe os seus temas por entre aqueles que sejam capazes de despertar relações de interesse a que se acrescenta, quase sempre, uma pitada de humor e de graça de expressão.

Neste sentido, intuição e inteligência, sem desprezar os elementos ocasionais de erudição, são fundamentais como articulações entre o escritor e o possível leitor: elementos essenciais de um jogo que se joga para além da pura informação ou da eventual educação, existindo antes como teste ininterrupto de compreensão e de convivência.

É, na verdade, o ensaio como modo de diálogo que, se dando entre intuições e fulgurações da inteligência, faz dos assuntos possíveis antes pretextos para a continuação do que arenas decisórias de opiniões e certezas.

Tome-se, para exemplo, o primeiro ensaio do primeiro volume, intitulado "Proust: The Eighteenth-Century Method" em que, lendo os dois primeiros volumes de *A la Recherche* então publicados (o ensaio de Huxley foi publicado na *Athenaeum* de agosto de 1919), *Du côté de chez Swann* e *A l'Ombre des jeunes filles an fleurs*, o ensaio se inicia do seguinte modo:

> Quando dizemos da obra de M. Proust que é "século-dezoito" em qualidade, significamos mais de que ela possui (embora ela de fato possua) aquela delicadeza de porcelana, aquela absurda, bela formalidade, que somos levados, de modo talvez falacioso, a dotar este período superiormente civilizado da história. O século dezoito de belo formalismo é mais uma coisa de nossa própria invenção; porque o passado, tal como existe em nossa mente, é amplamente um mito agradável, criado e recriado por cada geração sucessiva por suas próprias e peculiares necessidades de propaganda ou deleite.

Mas logo o leitor descobre qual a qualidade "século-dezoito" que interessa a Huxley detectar na obra de Proust: aquela de uma realidade psicológica que, a partir de observações de Saintsbury, em história sobre o romance francês, esconde-se sob a mais ampla generalização do realismo psicológico que teria guiado a maior parte dos romances franceses do século XIX.

Uma realidade psicológica que leva em conta a existência bruta dos pequenos e estranhos atos que constituem a existência das participações em sociedade e que, com freqüência, são desprezados pelos rigores esquemáticos do realismo psicológico.

Em Proust, segundo a leitura de Huxley, é esta realidade psicológica, marca da compreensão ilustrada do século XVIII, que orienta a instauração de seu método de percepção e de escrita. Daí para a descrição desta como um vagaroso processo de reconstrução é um pulo: *"for he goes slowly, very slowly, and he grinds exceeding small"* (porque ele vai vagarosamente, muito vagarosamente, e tritura o extremamente pequeno). É um acréscimo decisivo àquela qualidade "século-dezoito": o tempo da escritura, de uma escritura de aparente futilidades e que imita as delicadezas "de porcelana" setecentistas, que termina por ser o tempo da leitura, exigindo do leitor uma paciência que não parece ser do século XIX, muito menos do XX.

Daí a extraordinária maneira de conversa com que termina o ensaio:

M. Proust é um dos mais interessantes fenômenos na literatura contemporânea, seja apenas porque ele é tão seguro de si mesmo, tão seguro em seu brilhante desenvolvimento e elaboração de uma grande maneira tradicional. Nós esperamos com agradável antecipação pelo aparecimento de *Le Côté de Guermantes*, das duas partes de *Sodomme et Gomorrhe*, e o final *Le Temps retrouvé*, que completará esta obra maciça. Devemos comprá-las todas e embora talvez não tenhamos tempo de lê-las quando de seu aparecimento, devemos guardá-las para uma calma e desocupada idade madura, quando, mais ou menos entre os setenta e oitenta, nos propusermos a sentar ao calor do sol ou diante de uma confortável lareira e gastar todo um ano feliz *A la Recherche du temps perdu*.

É de notar a certeira circularidade do ensaio: aquele nós que, na primeira frase, diz da obra de Proust como tendo uma qualidade "século-dezoito" é o que reaparece, aos setenta ou oitenta anos, confortavelmente sentado frente à lareira lendo *A la Recherceh du temps perdu*.

Por outro lado, acentuando a qualidade anotada do *familiar essay*, nele se inclui tanto o autor, que durante um certo tempo elaborou os argumentos da primeira frase, quanto o leitor que, agora, tem os elementos suficientes para que possa entender os motivos da conversa para a qual foi convocado, sobretudo, os recursos da intuição e da inteligência, num clima de convivência cordial e civilizada, sem qualquer traço de ortodoxia ou de pedantismo erudito (as informações mais detalhadas, como a distinção de Saintsbury entre realidade psicológica e realismo psicológico, ou mesmo a nomeação de poetas e novelistas como Verlaine, Mallarmé,

Henry James, Bejamin Constant ou James Joyce, entram na conversa como se fossem de conhecimento público e mediano).

Estas mesmas qualidades do ensaio de Huxley vão reaparecer, de modo muito natural, nos quatro romances que escreveu por essa época: romances, como *Crome Yellow* ou *Antic Hay*, em que a estrutura narrativa é sustentada, antes de mais nada, pelos intermináveis diálogos entre personagens que elaboram, sem cessar, argumentos de ordem psicológica, moral, social, ou mesmo literária, convocando o leitor para a sua participação. Tal processo, como se sabe, atinge o seu clímax com o último romance dos anos 20, *Point Counter Point*, em que a técnica utilizada, tendo a sua origem na música de Bach, serve-lhe, sobretudo, para manter a tensão dialogal de que ele não abre mão.

É a forma do ensaio encontrando a sua melhor tradução na estrutura narrativa, o que, para lembrar Diderot, não deixa de ser também uma qualidade "século-dezoito".

Por isso mesmo, talvez, uma volta ao romancista Aldous Huxley deva começar pela leitura vagarosa, muito vagarosa, desses *Complete Essays*.

15

A Destruição Calculada*

A UTILIZAÇÃO DA IMAGEM visual nos quatro livros publicados por W. G. Sebald (1944-2001), isto é, *Vertigo* (1990), *Os Emigrantes* (1992), *Os Anéis de Saturno* (1995) e *Austerlitz* (2001), não tem apenas uma função ilustrativa.

Lendo-se as narrativas, percebe-se que a sua principal função é antes a de tornar mais sensível a percepção daquilo que foi possível obter pela criação de personagens e situações de que a linguagem verbal parece, sozinha, dar conta.

E mesmo quando a narrativa, como acontece em capítulos deste *Os Emigrantes*, agora traduzido por Lya Luft e publicado pela Record, tem a sua origem no encontro e na leitura pelo narrador de um álbum de fotografias, as imagens por ele escolhidas e dispersas pelo livro são antes ampliações de atmosfera do que leituras pontuais de personagens ou situações.

É que as imagens são também fragmentos da memória, ela sim encarregada de compor uma coerência entre a experiência histórica e o discurso ficcional.

É como se a própria condição estilhaçada daquela experiência, alimentada pelo horror de quem surgiu para o mundo num tempo e num espaço

---

* Publicado no Caderno Mais!, *Folha de S. Paulo*, 22 de maio de 2002.

permeado pelas catástrofes dos primeiros cinqüenta anos do século XX e pela *waste land* em que se transformara a Alemanha no pós-guerra, solicitasse a concretude do visual para evitar ou, pelo menos, conter a dispersão ficcional.

E um dos traços mais fascinantes da criação de Sebald é precisamente o aparente paradoxo com que, por entre escombros, faz prevalecer uma intensa delicadeza, para a qual concorrem, sem sombra de dúvida, as imagens familiares, sejam as de pessoas, sejam as de lugares, apreendidos sem qualquer dramaticidade maior, o que, por outro lado, imprime uma tonalidade levemente irônica à sua utilização.

Creio, no entanto, que o uso das imagens visuais tem uma outra função muito importante, embora mais elusiva: a de acentuar, por sua própria presença, a intrincada relação entre realidade, memória e ficção, em que as imagens funcionam como um documento objetivo da realidade cuja existência, no entanto, escapa a todo momento por entre os dedos do leitor e que nem mesmo aquele documento consegue cristalizar por força do trabalho incessante da memória ficcionalizada pelo discurso literário.

E aqui o leitor já se encontra no miolo da criação narrativa de Sebald e motivo maior para o seu desassossego de leitura: o que se está lendo não se perfila quer como ficção, quer como história, quer como autobiografia, embora todos estes elementos (ficção, história e autobiografia) estejam presentes.

E se a narrativa de Sebald não é cada um deles separadamente é porque ela sabe articulá-los numa espécie de arquitexto em que as características de cada um são dissolvidas e intensificadas num só conjunto maior cujo nome é tão óbvio que ele parece ou perdido para sempre ou difícil de pronunciar.

Uma espécie de *aleph* da criação literária (para usar um termo caro a um dos mestres de Sebald, Jorge Luis Borges): a narrativa. Ela, para cuja existência, e desde sempre, a ficção, a história e a autobiografia, enlaçados pela experiência concreta do mundo, tecem a rede de significados infinitos com que o homem continua a nomear a realidade.

Neste sentido, estabelecidos tais parâmetros, creio que a leitura de *Os Emigrantes* pode começar.

A DESTRUIÇÃO CALCULADA

O livro, publicado dois anos depois de *Vertigo,* é, como este, dividido em quatro capítulos que, embora conservem uma independência de sentido narrativo, são articulados pelo que se poderia chamar de ecos de um significado de base.

Deste modo, se no primeiro livro as quatro partes têm por este significado a viagem e o seu caráter alucinatório (daí o título do volume), envolvendo Stendhal ou Kafka, no primeiro e terceiro capítulos ("Beyle, ou o Amor É uma Loucura das mais Discretas" e "Dr. K Toma as Águas de Riga", respectivamente), ou fixando as alucinações de partida e de regresso, como no segundo e no último ("No Estrangeiro" e "O Retorno à Pátria"), em *Os Emigrantes* tal significado de base é dado pelos ecos da emigração ou, ainda melhor, do exílio, que são explorados nos quatro nomes que constituem os capítulos: o médico aposentado Dr. Henry Selwyn, o professor Paul Bereyter, o tio-avô do narrador Ambros Adelwarth e o pintor Max Aurach.

Como as imagens visuais, entretanto, tais nomes são antes fragmentos de memórias de personagens do que propriamente criações ficcionais.

As experiências do narrador não servem apenas como alicerces para a composição de seres de ficção, como em qualquer romance realista de Balzac ou Flaubert, mas são recuperadas com a lembrança daqueles nomes, dando também ao narrador um estatuto ficcional, como acontece no grande livro de Marcel Proust.

Seres de memória, tanto aqueles nomes quanto o narrador, que se encarrega de estabelecer coerências entre as experiências, aquilo que os articula é o solo da existência histórica – tempo e espaço marcados pelas contingências da vida.

Deste modo, todos os textos se iniciam com anotações de ordem autobiográfica do narrador para, em seguida, marcar o acaso dos encontros ou do desencontro (como acontece no terceiro capítulo referente ao tio-avô do narrador) que serve de gatilho à narrativa.

Em cada um dos capítulos trata-se sempre de, a partir de uma motivação ocasional, refazer as articulações possíveis entre a existência do narrador e a das personagens, em que os relatos autobiográficos destas últimas, incluindo também seus diários, álbuns de fotografias, sonhos e pesadelos, são confundidos por entre a narrativa dos acontecimentos pessoais e históricos. Não há diálogos, a não ser aqueles registrados de modo indireto e já interpretados no próprio corpo da narrativa.

Cria-se, assim, antes uma sensação de memória, de ficção e de autobiografia do que propriamente um arcabouço tangível de realidade ficcional.

O que permanece, neste grande traçado de existências mutiladas pelo significado de base, que é o exílio, a fuga, o esquecimento buscado de modo calculado, são os ecos cada vem mais amplos e ensurdecedores do maior e mais cruel dos significados e que, só de soslaio, com a delicadeza que marca a narração de Sebald, atinge o leitor: a sistemática busca de destruição no século XX.

16

Leitura de Graciliano ou os Limites da Literatura*

Levantava-me, subia a ladeira Santa Cruz, percorria ruas cheias de lama, entrava em bodegas, tentava conversas com os vagabundos, bebia aguardente. Os vagabundos não tinham confiança em mim. Sentavam-se, como eu, em caixões de querosene, encostavam-se aos balcões úmidos e sujos, bebiam cachaça. Mas estavam longe. As minhas palavras não tinham para eles significação. Eu queria dizer qualquer coisa, dar a entender que também era um vagabundo, que tinha andado sem descanso, dormido nos bancos dos passeios, curtido fome. Não acreditavam. Viam um sujeito de modos corretos, pálido, tossindo por causa da chuva que lhe havia molhado a roupa. A luz do candeeiro de petróleo oscilava no balcão gorduroso. Homens de camisa de meia exibiam músculos enormes, que me envergonhavam.

Encolhia-me timidamente. Não simpatizavam comigo. Eu estava ali como um repórter, colhendo impressões. Nenhuma simpatia.

A literatura nos afastou: o que sei deles foi visto nos livros. Comovo-me lendo os sofrimentos alheios, penso nas minhas misérias passadas, nas viagens pelas fazendas, no sono curto à beira das estradas ou nos bancos dos jardins. Mas a fome desapareceu, os tormentos são apenas recordações. Onde andariam os outros vagabundos daquele tempo? Naturalmente a fome antiga me enfraqueceu a memória. Lembro-me de vultos bisonhos e silenciosos que se arrastavam como bichos, remoendo pragas. Que fim teriam levado? Mortos nos hospitais, nas cadeias, debaixo dos bondes, nos rolos sangrentos das favelas. Alguns, raros, teriam conseguido, como eu, um emprego público, seriam parafusos insignificantes na máquina do Estado e estariam visitando outras

---

* Publicado na *CULT, Revista Brasileira de Literatura*, Ano V, n. 56.

212 MISTÉRIOS DO DICIONÁRIO

favelas, desajeitados, ignorando tudo, olhando com assombro as pessoas e as coisas. Teriam as suas pequeninas almas de parafusos fazendo voltas num lugar só[1].

Este texto, situado no centro do romance *Angústia*, de Graciliano Ramos, um livro de 268 páginas em sua edição original de 1936, completando-se com o que vai até o primeiro parágrafo da página 135, busca a compreensão, os motivos, daquilo que é o traço mais marcante da construção da personagem-narradora e, por aí, do próprio livro: as relações ambivalentes entre Luís da Silva e a realidade lida por sua sensibilidade e pela memória de outros contextos histórico-sociais.

Se, por um lado, são precisos os indicadores com que busca aproximar-se de um certo espaço social – *ruas cheias de lama, bodegas, vagabundos, aguardente* –, possíveis vínculos de articulação entre a personagem e aquele espaço e a humanidade que o habita, nada precisa e insuficiente, por outro lado, é a linguagem (e não apenas a verbal mas a dos gestos e modos de ser) com que procura a comunicação e, através dela, a inserção sonhada naquele mesmo espaço, naquela mesma humanidade. "As minhas palavras não tinham para eles significação". E se a memória de experiências passadas poderia servir de álibi para uma identificação possível para com aqueles seres que, como ele, "sentavam-se [...] em caixões de querosene, encostavam-se aos balcões úmidos e sujos, bebiam cachaça", é ela, a mesma memória, mas uma memória já cheia de palavras e de literatura, que estabelece o distanciamento e cria a falta de significação. "Não simpatizavam comigo. Eu estava ali como repórter, colhendo impressões. Nenhuma simpatia. A literatura nos afastou: o que sei deles foi visto nos livros."

Deste modo, as recordações de suas experiências passadas, alimentadas agora pelas leituras, em nada acrescentam como modo de comungar com a realidade presente pois, passadas pelos filtros distanciadores das representações literárias, ou letradas, não são senão reflexos pálidos da experiência concreta do passado. "Comovo-me lendo os sofrimentos alheios, penso nas minhas misérias passadas, nas viagens pelas fazendas, no sono curto à beira das estradas ou nos bancos dos jardins. Mas a fome desapareceu, os tormentos são apenas recordações."

---

1. Graciliano Ramos, *Angústia*, Rio de Janeiro, Livraria José Olympio Editora, 1936, pp. 131-132.

Por isso, é de uma enorme propriedade e concretude a utilização do motivo retórico de pergunta e resposta (onde estão? o que são?) com que completa o quadro de desesperanças de que se compõe o trecho transcrito.

Na verdade, emprestando um sentido agudo de pessimismo radical ao motivo da tradição do *ubi sunt*, quase sempre referido a épocas ou locais amenos, quando muito tocado pela melancolia da lembrança, aqueles *vagabundos* da pergunta inicial, traduzidos em "vultos bisonhos e silenciosos que se arrastavam como bichos, remoendo pragas, que são agora imaginados como mortos nos hospitais, nas cadeias, debaixo dos bondes, nos rolos sangrentos das favelas", conforme a resposta que dá à segunda pergunta, conservam-se distanciados da personagem-narradora que somente os enxerga, sem compreender, "olhando com assombro as pessoas e as coisas", pela lente desfocada das diferenças estamentais, aqui representadas pelo emprego público, produtor de "parafusos insignificantes na máquina do Estado", com que ele se identifica.

Deste modo, é possível dizer que à miséria daquelas existências percebida pelo personagem acrescenta-se uma outra ainda mais asfixiante e que é experimentada por ele: a consciência não apenas de não mais fazer parte daquela humanidade mas de não possuir elementos capazes de possibilitar a expressão redentora do próprio círculo infernal a que se sente condenado e que aqui se traduz pela imagem do parafuso que dá "voltas num lugar só".

Mais uma vez, portanto, assim como já acontecera nos dois romances anteriores – *Caetés*, de 1933, e *São Bernardo*, de 1934, e suas personagens-narradoras João Valério e Paulo Honório, respectivamente –, a recuperação da experiência guardada pela memória, e que deflagra a narrativa, é dilacerada pela consciência dos limites das possibilidades da literatura em tornar presente e concreta aquela recuperação. E a diferença entre os três romances é uma questão de grau: se, no primeiro romance, a literatura é algo mais ou menos externo à existência de João Valério (o romance que ele procura escrever é conservado à margem de suas experiências sentimentais e à própria intriga do livro); se, no segundo, ela serve antes como estratégia problematizadora para dar início à narrativa dos acontecimentos objetivos que fundaram a existência de Paulo Honório e que

214   MISTÉRIOS DO DICIONÁRIO

dinamitaram as suas relações com Madalena, levando-a ao suicídio; já, em *Angústia*, a literatura, aquela do imaginário de Luís da Silva, e que se conserva a todo momento como consciência aguda de um destino contrariado pela experiência presente e pela memória das experiências passadas, é algo entranhado *et pour cause* na própria estrutura psicológica da personagem.

Na verdade, situado entre o início da temporada lírica com as idas e vindas do casal de amantes Marina-Julião Tavares e o roubo das moedas da criada Vitória como maneira de poder comparecer ao teatro, antes para se remoer com a visão do casal do que para assistir a qualquer espetáculo, o texto transcrito desce fundo nas inadequações de Luís da Silva: a sua percepção das misérias sociais, sempre às voltas com a memória de suas limitações, atinge o mais fundo do poço.

A lógica implacável com que justifica o roubo é um prenúncio daquela outra que dirige a personagem-narradora para o assassinato de Julião Tavares. E ambas surgem de uma impossibilidade radical: a de construir um discurso coerente de análise que desse conta daquelas inadequações da personagem. Deste modo, a uma lógica de dilaceramento psicológico se acopla a de uma ruptura de enunciação, instaurando o desvario e os pesadelos das últimas páginas do romance. Neste sentido, creio que a angústia, que está no título do livro, tem muito mais a ver com esta ruptura do que com os enunciados que vão pontilhando a existência de Luís da Silva. E se a obra era vista como mal escrita pelo próprio Graciliano, como está em carta a Antonio Candido[2], é que era pensada pelo próprio autor como exigindo correções, que a sua prisão política no mesmo dia em que entregou o manuscrito para ser datilografado impediu, e que significariam, sobretudo, "suprimir excrescências, cortar pelo menos a quarta parte da narrativa"[3]. E embora se respeite os desejos *a posteriori* do autor, ainda mais quando os seus motivos são de uma nobreza irretocável,

---

2. "Por que é mau? Devemos afastar a idéia de o terem prejudicado as reminiscências pessoais, que não prejudicaram Infância, como V. afirma. Pego-me a esta razão velha e clara: Angústia é um livro mal escrito. Foi isto que o desgraçou" (Antonio Candido, *Ficção e Confissão. Ensaios sobre Graciliano Ramos*, Rio de Janeiro, Editora 34, 1992, p. 8).

3. *Idem*, p. 9.

pode-se ficar imaginando o que seria de *Angústia* com o equilíbrio e a adequação entre enunciado e enunciação que está no discurso literário de, por exemplo, *São Bernardo* ou mesmo o posterior *Vidas Secas*. Acredito que nenhuma correção possível poderia acrescentar elementos substanciais ao desassossego trepidante do romance.

Mesmo porque aquilo que o próprio Graciliano via como incorreções no livro ("muita repetição desnecessária, um divagar maluco em torno de coisinhas bestas, desequilíbrio, excessiva gordura"[4]), por assim dizer, mimetizam estruturalmente aquilo que se constitui o cerne da obra, na verdade uma espécie de poética narrativa de Graciliano: as limitações da literatura para dar conta das regiões sombrias em que se desajustam psicologia e sociedade.

---

4. *Idem*, p. 8.

17

A Paixão Legitimada*

O TÍTULO DESTE ARTIGO tem a ver com os últimos parágrafos do romance de Leonid Tsypkin (1926-1982), *Verão em Baden-Baden***, que li e reli na edição da New Directions, de 2001, depois que o texto russo original foi editado por um semanário de emigrados russos de New York, em 1982.

Traduzido cinco anos depois para o inglês, o livro apareceu numa pequena tiragem da Quartet Books, de onde depois foi retirado do quase esquecimento por Susan Sontag que, encontrando-o por acaso quando percorria livrarias de Londres, sugeriu a sua publicação à New Directions, escrevendo também uma introdução em que narra as peripécias tanto do livro quanto de seu autor.

A começar pelo fato de que, sendo um médico, especializado em patologia e membro do Instituto para Poliomielite e Encefalite Viral, em Moscou, tendo publicado centenas de artigos em sua área, Tsypkin morreu uma semana depois de seu único romance começar a ser serializado. Foi, portanto, como assinala Susan Sontag, "um autor publicado de ficção por exatamente sete dias".

Por outro lado, tendo sofrido, enquanto judeu, com as campanhas anti-semitas desencadeadas na União Soviética desde o estalinismo, chegando

---

* Publicado na *CULT, Revista Brasileira de Cultura*, Ano VI, n. 59.
** Há uma tradução brasileira, publicada pela Companhia das Letras em 2003.

inclusive a ter a sua carreira como pesquisador prejudicada, tentou em vão emigrar para os Estados Unidos, para onde já haviam partido, desde 1977, o seu único filho e nora.

Entre este último ano e 1980, trabalhou no romance que, tomando por base uma extensa e intensa pesquisa sobre a vida e a obra de Dostoiévski, seria o único de literatura a ver publicado. (Sabe-se que escreveu outras obras de ficção e poemas que foram reunidos em edição russa de pequena circulação financiada por seu filho.)

Embora o título do pequeno livro (146 páginas) se refira às cinco semanas de julho e agosto de 1867 em que Dostoiévski, então com quarenta e seis anos, e sua mulher Anna Grigorievna, vinte anos mais nova, estiveram em Baden-Baden, ele não se limita a este período da vida de Dostoiévski.

Como diz Joseph Frank:

> [...] o autor comete uma injustiça consigo mesmo por sua escolha do título. E acrescenta: o livro cobre a carreira de Dostoiévski, indo desde sua estréia literária nos anos de 1840 até os últimos dias de sua vida em 1881. De fato, se se quer caracterizar mais precisamente o livro, ele pode ser chamado, talvez, uma rapsódia sobre temas dostoievskianos ou uma série de variações sobre motivos dostoievskianos.

Não se pense, entretanto, que se trata de uma reconstrução ficcional da vida de Dostoiévski, embora todos os elementos de ordem biográfica sejam cuidadosa e rigorosamente tratados pelo autor ou, como diz Susan Sontag:

> Para Tsypkin, era uma questão de honra que tudo de natureza factual em *Verão em Baden-Baden* fosse verdadeiro para com a história e as circunstâncias das vidas reais que ele evoca. [...] É possível que Tsypkin imaginasse que se *Verão em Baden-Baden* fosse alguma vez publicado como livro ele devesse incluir algumas das fotografias tiradas por ele, antecipando deste modo o efeito assinatura da obra de W. G. Sebald, que, semeando seus livros com fotografias, entremeia a mais crua idéia de verossimilhança com enigma e patos.

Creio que a correta relação estabelecida com Sebald é até mais profunda do ponto de vista da construção literária: um discurso narrativo em primeira pessoa que, por força da onisciência característica dos narradores

A PAIXÃO LEGITIMADA

em terceira e que lhe é facultada pelo extenso conhecimento que tem da vida e da obra de Dostoiévski, como em Sebald o era pela invenção de documentos de toda a espécie, é, sem interrupção transpassado pela leitura dostoievskiana.

Deste modo, o leitor é freqüentemente solicitado a reler num esforço de identificação do *eu* ou do *ele* (Dostoiévski) ou *ela* (Anna Grigorievna) que assumem o foco narrativo.

Por isso, no início, falei em ter lido e relido o livro, sem o que o leitor se desorienta por entre a complexa trama de situações, lugares e nomes que, numa admirável mimese da própria composição de Dostoiévski, vão dando ao romance aquele traço rapsódico anotado por Joseph Frank, ou mesmo polifônico, como haveria de preferir Bakhtin.

Durante a travessia, por trem, de Moscou a Lenigrado, que é a do narrador do livro, para onde vai com o objetivo expresso de visitar o Museu Dostoiévski, assim como, ocasionalmente fotografar os lugares em que é possível sentir a presença do escritor e de suas personagens, ele lê de modo incessante o *Diário* de Anna Grigorievna (o livro de memórias publicado em 1923 e não aquele editado por Leonid Grossman depois da morte da autora e que, em geral, é conhecido como *Reminiscências*), em que havia anotado as suas lembranças do périplo europeu dos anos 60 e, já em Moscou, lê algumas páginas do *Diário de um Escritor*, mais especificamente o capítulo segundo, correspondente a março de 1877, o famoso "A Questão Judaica".

E se da primeira leitura vão sendo extraídos aqueles elementos com os quais o narrador confunde a sua com a vida de Dostoiévski, da segunda, o leitor de Tsypkin se encontra com um dos motivos centrais e mais comoventes para a realização da obra: a busca por Dostoiévski, uma busca deflagrada pelo amor ao autor e à literatura, é também uma procura pela própria identidade do narrador, sobretudo ao assumir o contraste radical em relação às posições muitas vezes expressas por Dostoiévski quanto aos judeus.

Daí também o ritmo da narrativa em que a não existência de capítulos e as frases longas e encavalgadas instituem o movimento de inclusão do narrador e de personagens, o que aponta para uma desintegração sutil de identidades que haverão de se reintegrar mais adiante, ainda que seja num nível nebuloso de consciência ou subconsciência.

É tempo de transcrever os tais parágrafos finais do romance que deram título a este texto:

> [...] o que, de fato, estava eu fazendo aqui? – por que eu era tão estranhamente atraído e seduzido pela vida deste homem que desprezava a mim e à minha espécie (e isto deliberadamente ou com os olhos bem abertos, como ele gostava de acentuar)? – por que eu tinha vindo aqui sob a escuridão, andando por essas ruas vazias e lúgubres como um ladrão? – por que, quando visitando seu museu perto do Mercado Kuznechny ou outros lugares a ele ligados, deixei algo de lado ou atrás, como se tivesse aparecido ali por acidente e nada realmente me interessasse? – e não seriam minhas recentes visões na casa de Gilya, em que, no fim, ele se transformava em Isaías Fomich, apenas a tentativa patética de meu subconsciente em "legitimar" minha paixão?

Que Gilya seja a amiga judia de sua mãe na casa de quem ele fica hospedado em Moscou, e que havia passado pela amarga experiência do cerco de Stalingrado, e que Isaías Fomich seja o avarento judeu, assim descrito por Dostoiévski em *Recordações da Casa dos Mortos*, talvez sejam elementos de conhecimento necessários para que o leitor possa sentir a pungência dessa legitimação final.

18

O Ensaísmo Enviesado de Albert Camus*

SE O LEITOR INTERESSADO for aos dois volumes das obras de Albert Camus editados pela Gallimard, em sua prestigiosa Bibliothèque de la Pléiade, vai encontrar certa dificuldade em localizar quatro dos ensaios reunidos em *A Inteligência e o Cadafalso e Outros Ensaios*, livro organizado e prefaciado por Manuel da Costa Pinto e traduzido por Cristina Murachco e pelo organizador.

Na verdade, embora no volume intitulado *Essais*, de 1977, exista uma seção de *Essais critiques*, onde se encontram sete dos textos agora traduzidos ("Introdução às *Maximes* de Chamfort", "Prefácio a *La maison du Peuple*", de Louis Guilloux, "Encontros com André Gide", "O Artista na Prisão", Roger Martin du Gard, "Sobre *Les Îles*", de Jean Grenier e René Char), ali não estão os dois ensaios sobre Sartre, que podem ser lidos como "textos complementares" a *Le mythe de Sisyphe*, naquele volume, nem "L'intelligence et l'Échafaud" e "Herman Melville" que aparecem também como "complementares" a "Récits, Nouvelles", no volume *Théâtre, Récits, Nouvelles*, de 1974.

Eis, portanto, um primeiro mérito deste volume: não ser a simples tradução daquilo que seriam os *essais critiques* de Camus, mas buscar uma

---

* Publicado na CULT, Revista Brasileira de Literatura, Ano II, n. 13.

nova organização para alguns de seus textos, na verdade criando um livro que não existia na bibliografia do autor.

Na verdade, reunindo-se o que Camus escreveu e que se encontra disperso nos dois volumes citados da Gallimard, é possível organizar outros livros e penso, por exemplo, num que começasse pelo ensaio "A Esperança e o Absurdo na Obra de Franz Kafka", publicado como apêndice de *Le Mythe de Sisyphe*. De qualquer modo, seriam livros que se juntariam, como agora se deve juntar este volume brasileiro, a *L'Envers et l'endroit*, *Noces*, *Le Mythe de Sisyphe*, *L'Homme révolté* e *L'Été*, obras que constituem o núcleo forte do ensaísmo de Camus, sem prejuízo das crônicas reunidas sob o título de *Actuelles, I, II e III*, que foi reunindo de 1944 a 1958.

Sendo assim, um outro mérito deste livro é de ser a primeira reunião de ensaios propriamente literários de Camus que se traduz e publica no Brasil, servindo de incentivo para que outros possíveis volumes sejam organizados e publicados.

Mas o mérito maior mesmo é, sem dúvida, o de pôr à disposição do leitor brasileiro, e em tradução muito competente, estes textos de Camus que, com a única exceção daquele sobre Roger Martin du Gard, não ultrapassam, em média, oito laudas mas que, no entanto, podem dar ao leitor larga matéria para a reflexão e prazer extremo de leitura, além, é claro, de servirem como elementos essenciais para uma compreensão mais adequada do modo pelo qual Camus se relacionou com a tradição da literatura, seja aquela dos moralistas franceses do século XVII, em que se destaca a enviesada leitura que faz de Chamfort, seja a de alguns de seus contemporâneos como André Gide, Roger Martin du Gard, Jean Grenier, René Char e Sartre, seja a da angustiosa meditação acerca do lugar do escritor e do artista numa sociedade dilacerada pelas desigualdades, como aquela que se representa na obra de Louis Guilloux ou no último e melancólico Oscar Wilde, sem esquecer a leitura tensa, entre lúcida e comovida, que faz de Melville, a quem chega a chamar, num determinado momento do ensaio, de "Homero do Pacífico".

Falei antes em "enviesada leitura" que faz Camus de Chamfort e creio que se poderia usar a expressão para a maioria dos ensaios aqui reunidos.

De fato, se naquele texto a obliqüidade está em preferir a caracterização de Chamfort como "romancista", na verdade inventando um romance a partir da obra *Caractères et Anedoctes* do escritor, ou um "romance inconfessado", como prefere Camus, seguindo o raciocínio inicial de que "nossos maiores moralistas não são os fazedores de máximas; são os romancistas", não deixa de ser oblíqua a maneira de perceber a tradição clássica do romance francês tal como está no ensaio magnífico de abertura, que é "A Inteligência e o Cadafalso". Isto porque, partindo da idéia de que o que caracteriza a tradição do romance francês é uma certa "unidade da intenção" que resulta de "propriedade e obstinação no uso dos termos", para Camus o cânone daquela tradição é representado por Mme de Lafayette, Sade, Stendhal, Benjamin Constant e Proust, observando que "os romancistas dessa família se recusam a 'prestar serviços', e sua única preocupação parece ser a de levar suas personagens, imperturbavelmente, ao encontro do que as aguarda".

A obliqüidade maior está, sem dúvida, não apenas na escolha do cânone mas na identificação que o leitor é levado a estabelecer entre ele e o próprio Camus: vislumbra-se o autor de *L'Étranger* em frases como as seguintes:

A grande regra do artista [...] é esquecer parte de si mesmo em proveito de uma expressão comunicável. Isso não ocorre sem sacrifícios. E esta busca de uma linguagem inteligível, que deve recobrir a desmedida de seu destino, leva-o a dizer não aquilo que lhe agrada, mas aquilo que é necessário. Grande parte do gênio romanesco francês está nesse esforço esclarecido de dar aos clamores da paixão a ordem de uma linguagem pura. Em resumo, o que triunfa nas obras de que falo é uma certa idéia préconcebida – a inteligência.

Não é de estranhar, portanto, que, dentre os autores mencionados por ele, seja a autora de *A Princesa de Clèves* a merecer a leitura mais demorada: Mme de Lafayette, atuando nos limites daquilo que Roger Shattuck chamou, de modo saboroso, de "os prazeres da abstinência"[1], foi um exemplo único, e isto no século XVII, de prevalência do estilo e da inteligência

---

1. Cf. Roger Shattuck, *Forbidden Knowledge. From Prometheus to Pornography*, New York, St. Martin's Press, 1996 (Chapter IV/ "The Pleasures of Abstinence: Mme de Lafayette and Emily Dickinson").

sobre os ardores desorganizados e desorganizadores das paixões. A recusa da entrega da Princesa de Clèves à paixão pelo Duque de Nemours é percebida por Camus como uma afirmação daquilo que virá a ser essencial para pensar o romance francês posterior, isto é, a distância que se estabelece entre os impulsos individuais e a consciência de um estilo não apenas literário, mas de vida. É o que ele diz, referindo-se a Stendhal, por exemplo:

> Ele (Stendhal) chama de ausência de estilo uma conformidade perfeita entre sua arte e suas paixões.

E, em seguida, acerca de Mme de Lafayette:

> [...] parece-me que Madame de Lafayette visa somente nos ensinar uma concepção muito particular do amor – nada mais lhe interessando no mundo. Seu postulado singular é a de que essa paixão coloca o ser em perigo. Podemos de fato dizer isso no decorrer de uma conversa, mas ninguém teve a idéia de levar sua lógica tão longe quanto Madame de Lafayette o fez. Em *A Princesa de Clèves*, como em *A Princesa de Montpensier*, ou em *A Condessa de Tende*, percebemos em ação uma desconfiança constante com relação ao amor.

Não é outra coisa o que, logo adiante e durante todo o ensaio, Camus acentua como o clássico no romance francês e a sua aproximação *enviesada* permite que ele o detecte também em Sade e em Proust:

> Encontraríamos facilmente em Sade, Stendhal, Proust e em alguns raros contemporâneos o ensinamento de um estilo de vida, bem diferente em cada um, mas sempre feito de uma escolha, de uma independência calculada e de uma recusa clarividente. A obstinação no pecado tornado legítimo em Sade, as litanias da energia em Stendhal, a ascese heróica de Proust para remodelar a aflição humana numa existência inteiramente privilegiada – todos eles dizem uma única coisa e não dizem nada além dela. De um sentimento único que os invadiu para sempre, eles fazem uma obra com rostos ao mesmo tempo diferentes e monótonos.

Aquela "busca por uma linguagem inteligível que deve recobrir a desmedida de seu destino", como está em texto transcrito anteriormente, sem que a operação se transforme numa retórica vazia, mas, ao contrário, fazendo, a todo momento, ecoar a desmesura, é também responsável pelas sinuosidades, obliqüidades do ensaísmo de Camus, tal como ele se revela, com maior ou menor intensidade, nos demais textos desta antologia.

Assim, por exemplo, o modo de recepção da obra de André Gide, mais precisamente *Os Frutos da Terra*, para uma geração de jovens argelinos que melhor se adequavam à crueza da obra de Jean Grenier do que ao paganismo telúrico gideano, não é oferecida ao leitor de modo distanciado mas estabelecendo uma relação de grande intimidade para com as diversas fases de desenvolvimento intelectual e artístico do próprio Camus. É o que faz a beleza dos ensaios quer sobre Gide, quer sobre Grenier: a leitura destes autores por Camus para nós, seus leitores, é uma enriquecedora releitura daqueles textos camusianos em que a presença de um estilo, ou a sua ausência, para aproveitar os termos de sua reflexão sobre Stendhal, é dependente de uma tarefa incessante de dar comunicabilidade à desmesura das paixões, sem perda do exercício de uma inteligência controladora.

Talvez por aí se explique melhor as restrições que faz Camus aos dois livros de Sartre: a fratura que encontra entre as paixões sartrianas e uma linguagem ficcional que fosse adequada para deixá-las passar ao leitor. E, por isso, também, é capaz de uma leitura recuperadora de Roger Martin du Gard, num momento em que o romancista sofria as agruras de um esquecimento por parte do público, ou a de toda a dramaticidade que sabe apontar na última obra de Oscar Wilde, em que a esterilidade final é articulada à própria construção de um mito artístico que se sabia condenado pelas transformações históricas e sociais.

Por todos o ensaios, passa a trepidação de uma linguagem sempre desconfiada daquela adequação várias vezes referida pelo próprio Camus, ou seja, entre a comunicabilidade e a desmedida, entre o que é dito e a intenção de dizer, de que a maneira enviesada do ensaio é um espelho. Mais do que certezas, para Albert Camus o ensaio é a expressão de um busca por entre inquietações.

COLEÇÃO CRÍTICA HOJE

1. *Alguma Crítica*
   João Alexandre Barbosa

2. *Em Louvor de Anti-Heróis*
   Victor Brombert (trad. José Laurênio de Melo)

3. *Poetas Românticos, Críticos e Outros Loucos*
   Charles Rosen (trad. José Laurênio de Melo)

4. *Mistérios do Dicionário*
   João Alexandre Barbosa

OUTROS LIVROS DO AUTOR EDITADOS PELA ATELIÊ

Alguma Crítica (1ª ed. 2002)

Biblioteca Imaginária (1ª ed. 1996, 2ª ed. 2003)

Entrelivros (1ª ed. 1999)

Título	*Mistérios do Dicionário*
Autor	João Alexandre Barbosa
Capa	Tomás Martins
Ilustração da Capa	Ana Amália Barbosa (Sem Título)
Editoração Eletrônica	Aline E. Sato
	Amanda E. de Almeida
Formato	16 x 23 cm
Tipologia	Sabon
Papel do Miolo	Pólen Soft 80 g/m²
Papel de Capa	Cartão Supremo 250 g/m²
Número de Páginas	225
Impressão	Lis Gráfica
Fotolito	Liner Fotolitos